하늘을 꿈꾸며

안 영 세 번째 수필집
하늘을 꿈꾸며

2006년 8월 31일 1판 1쇄 발행
2007년 5월 15일 1판 3쇄 발행

글 | 안 영
그림 | 최종태

펴낸이 | 백인순
펴낸곳 | 동이
주소 | 서울시 마포구 합정동 369-43
전화 | 02-322-1025
홈페이지 | www.fpi.or.kr
출판등록 | 2005년 4월 12일 제 313-2005-000070호

구입문의 | 031-985-5677

ISBN 89-956670-5-2 03230
값 10,000원

ⓒ 동이, 2006

- 이 책은 저작권법에 의해 한국 내에서 독점적인 권리를 갖는 저작물이므로 무단전재와 무단복제를 금합니다.
- 잘못된 책은 바꾸어 드립니다.

안 영 세 번째 수필집

하늘을 꿈꾸며

동이

추천의 말

영혼이 맑아지는 글

　목소리를 들으면 힘이 나고, 만나면 기분 좋아지는 사람.
　만날 때마다 설렘과 여운을 동반하는 사람.
　신부가 이런 사람을 하나 알고 있다면 신자들에게는 은근히 걱정거리가 될지 모르겠습니다. 하지만 그러지 않아도 됩니다.
　이것은 저에게만이 아니라 누구에게나 느껴지는 그분 성정性情의 매력이기 때문입니다.

　편의상 제가 부르는 방식으로 그분을 안 영 선생님이라 부르겠습니다.
　안 영 선생님은 낭랑한 목소리만큼이나 고운 마음씨를 지니셨습니다. 그 마음에서는 어디를 가나, 누구를 만나거나, 무엇을 보거나 사랑이 배어나옵니다. 수년 전 남편을 여의시고 삼남매 모두 사회의 인재로 키워놓으신 이후, 그 오롯한 사랑을 예수님께 향하시더니, 요즈음에는 그 행복이 여간 아닌 모양입니다.

저는 안 영 선생님을 만날 때마다 제 영혼이 맑아짐을 느낍니다. 스스로에게는 지나칠 만큼 검약하고 남에게 베푸는 일에는 무척 후한 하늘마음. 수준 높은 지성을 갖추고서도 하느님 말씀은 들은 그대로 받아들이는 어린이 마음. 언제나 긍정적으로 바라보고 희망을 얘기하는 푸른 마음. 이런 마음을 만나기 때문입니다.

마음 흐르는 대로 쓰는 글이 수필이라면, 이번에 내시는 안 영 선생님의 수필집은 이러한 마음의 빛깔을 고스란히 담고 있는 글 모음이라 할 수 있겠습니다. 읽으시는 분마다 저처럼 영혼이 맑아지는 은총을 누리시리라 믿어 마지않습니다.

차동엽 신부
미래 사목연구소 소장 · 월간 '참 소중한 당신' 주간

머리말

두 버팀목에 감사하는 마음으로

　책의 홍수 속에 또 한 권의 책을 보태는 것 같아 부끄럽습니다. 하지만 그동안 발표했던 제 삶의 편린들이, 혼을 나눈 형제자매로서 한 곳에 모여 살고 싶어 하는군요.
　저는 소설가라는 이름으로 문단에 얼굴을 내밀긴 했지만, 진솔한 삶이 담긴 수필 읽기를 참 좋아합니다. 작가와 함께 도란도란 글숲을 산책하며 위로도 받고, 희망도 얻고, 무엇보다 즐거움을 누릴 수 있으니까요. 제 수필도 누군가에게 다정한 친구처럼 다가가 즐겁게 읽혔으면 좋겠습니다.

　'문학' 과 '종교' 라는 두 기둥을 붙들고 살아온 지 40여 년.
　어느덧 지하철을 공짜로 타는 나이가 되었습니다. 하늘나라의 마당쯤에 들어선 듯해 기뻐하면서, 나를 지탱해준 두 버팀목에 감사하는 마음으로 이 책을 펴냅니다. 아름다운 귀향을 위하여 이제부터는 신앙과 삶이 하나 되기를 소망해 봅니다.

　이 책이 나오기까지 수고해 주신 모든 분들께 감사드립니다.

2006년 8월　안 영

추천의 말　4
머리말　6

1 차마 꿈엔들 잊을 리야

까치집을 바라보며　13
이른 봄 앙상한 숲에서　16
어서 나와 보고 맛 들여라　19
지하철 계단을 오르내리며　23
나팔꽃 줄기를 거두며　28
버스 안 풍경　32
돈을 간추리며　36
음악과 나　40
차마 꿈엔들 잊을 리야　47
느티나무 아래서　53
대숲, 그 정취 그리워　58
내가 만난 서울　63

2 다섯 살 어린이의 기도

작은 것에서부터　71
콤무니오 상토룸 – 모든 성인의 통공　74

- 77 나의 탈렌트는?
- 80 남편을 왕으로 모시면
- 84 시간의 나눔
- 87 주님 보시기엔 누가 더?
- 90 다섯 살 어린이의 기도
- 94 먼저 가서 화해하고
- 98 필요한 때 용기를 주소서
- 101 누구를 위한 법인가
- 104 하느님께 맡긴 생명
- 107 예쁜 소원들

3 하늘나라 마당의 입구에서

- 115 성모 어머님
- 119 미리 드리는 감사기도
- 123 두 딸과 함께
- 126 홀가분히 떠날 수 있도록
- 130 겨울의 문턱에서
- 134 하늘나라 마당의 입구에서
- 137 7초마다 한 명의 어린이가
- 141 아흔 노인의 하루
- 144 지공의 나이에
- 148 그대들이 있어 난 행복했다오
- 151 하느님의 소원
- 155 노랫말 두 꼭지

4 본 대로 느낀 대로

- 대관령의 소나무처럼 163
- 배론 성지에서 168
- 우리 모두 하나 되어 – 은티마을 순례 173
- 지각티스 강가에서 179
- 수도원 집성촌 메테오라 185
- 난생 처음 경마장에 가다 192
- 헤밍웨이의 집 199
- 로키 산 중턱에서 205
- 한 계단만 더 오르면 – 인도에 다녀와서 210
- 아키타 성모님의 눈물 215

5 사랑하는 아들에게

- 집 떠난 아들에게 231
- 자연과 벗하며 235
- 우리만의 값진 은총 240
- 과욕은 금물 245
- 우정이라는 나무 250
- 참회에 대하여 255
- 그 날 그 때에는 260

차마 꿈엔들 잊을 리야

차마 꿈엔들 잊을 리야

까치집을 바라보며

 버스를 타고 거리를 지날 때면 자주 차창 밖을 내다보게 된다.
 봄이 되면서부터 여기저기서 나무 우듬지에 엉성하게 얹혀 있는 까치집을 만난다. 옛날 시골집 동구 밖에서 보던 느티나무, 대가족을 거느린 듯 커다란 덩치를 자랑하고 서 있는 그 나무에 두어 채씩 매달려 있기도 한 까치집. 그런 까치집을 도심의 거리에서도 만날 수 있어 반갑다.
 도대체 저 집을 짓기 위해 까치들은 몇 마리나 동원되었으며 몇 날 며칠을 지새웠을까. 그 맨 첫 가지는 누가 어떻게 꺾어다 어떻게 얹었을까. 경험 많은 어른 까치가 젊은 까치들에게 지혜를 전수해 주었을까. 손도 없는 그 미물들이 순전히 입으로 가지를 꺾고 그것을 또 물어다가 요리조리 살피며, 맨 처음 어느 자리에 얹는 것이 좋을까 노심초사했겠지….

문득 당시의 현장을 상상해 보다가 까치 가족들이 기특하기도 하고 안쓰럽기도 해 연민의 미소를 짓곤 한다.

첫 시작이 얼마나 중요한 것인가를 알려 주는 말들을 떠올려 본다. 시작이 반이다. 출발이 좋아야 한다. 첫 단추를 잘 끼워라. 아마 까치들도 첫 가지를 잘 못 놓았다가 두어 번 시행착오를 거치고 다른 가지, 다른 장소를 찾아 다시 시작해 본 경험이 있으리라.

어느새 3월이다. 1월보다 3월이 더 새로움으로 느껴지는 것은 유치원에서부터 대학교까지의 입학식 때문일까. 동네 개구쟁이들이 내일 모레 학교를 간다고 가방이며 새 옷을 사 놓고 꿈에 부풀어 잠 못 이루는 그 기분을 어렵지 않게 떠올릴 수 있다.

새로운 학교, 새로운 선생님, 새로운 친구들… 모든 새로운 것들과의 만남은 얼마나 흥분되고 싱그러운 긴장인가. 책을 받아 예쁜 종이로 표지를 싸고, 새 공책을 사서 이름을 얌전히 쓰고, 신던 운동화도 깨끗이 빨아 말려 놓고, 오로지 등교할 날만 기다리던 어린 시절을 떠올리는 것도 산뜻한 기쁨이다.

시작은 언제나 그렇듯 가슴 떨리는 설렘과 흥분이 뒤따랐다. 그러기에 기대도 그만큼 컸다. 돌쟁이 아가의 첫 걸음마, 유치원생의 첫 입학, 순진무구한 마음으로 주님 모시기를 기다리는 초등학생의 첫영성체, 매해 맞이하던 신학기, 풋풋한 소년 소녀의 첫사랑,

온갖 제약에서 벗어나 청운의 꿈을 안고 내딛었던 대학 생활에의 첫걸음, 어엿한 사회인이 되어 마침내 직장을 얻은 신입 사원의 첫 출근, 백년해로를 기약한 신혼부부의 첫날밤. 그 모든 첫 경험은 상상만으로도 가슴이 떨려올 만큼 긴장된다.

앙상한 나뭇가지에 매달린 까치집을 보면서, 문득 나는 새 출발 하는 모든 이를 위하여 기도해 보았다.

주님, 부디 그들이 자신의 첫 가지를 옳은 자리에 옳게 놓을 수 있도록 도와주소서.

그리고 그 첫 가지를 조심스레 얹어 놓던 그 마음으로 하루하루를 알맞은 긴장 속에 진지하게 살아, 늘 깨어 있는 사람이 되게 하소서.

혹시 그 첫 가지가 잘못 놓여 그들의 삶이 위태롭고 불행해진다면, 그것을 바로잡을 수 있는 총명한 지혜도 내려주소서.

아울러 도저히 바로잡을 수 없는 길이라면 더 좋은 자리를 찾아 과감히 새로운 가지를 다시 놓을 수 있는 힘과 용기도 주소서.

(1999년 2월)

이른 봄 앙상한 숲에서

　모처럼 황사도 없고 비도 없는 화창한 봄날이었다.
　넘치는 봄기운의 유혹을 뿌리칠 수 없어 읽던 책을 덮고 외출을 서둘렀다. 어디로 갈까? 나는 인근의 '양재 시민의 숲'으로 행선지를 정했다.
　숲에선 긴 겨울잠에서 깨어난 나무들이 봄옷을 갈아입느라고 바빴다. 개나리, 진달래는 벌써 성장을 하고 봄 숲을 노닐고 있었지만 키 큰 나무들은 달랐다. 아직 벌거벗은 채, 날카로운 가시를 달고 서서 침묵하는 나무, 가지 끝에 엷은 연둣빛을 띠어 생명의 신비감을 자아내는 나무, 이제 막 어린 잎을 피워 봄볕을 쬐고 있는 나무….
　숲은 역시 나무들이 무성한 잎을 달고 있을 때라야 제격이다. 더운 여름, 멀리서 바라만 보아도 머리가 맑아지고, 땀이 식는 듯한 숲. 푸른 비단을 몇 필이고 펼쳐 놓은 듯, 보기만 해도 폭신하고 부드러워 달려가 안기고 싶은 숲. 마치 원만한 인격의 스승을 만난 듯 온갖 시름 털어 놓고 위로받고 싶은 심정으로 한달음에 뛰어가 기대고 싶은 숲….

그런데 오늘 앙상한 나무숲을 걷다 보니 문득 깨달음이 온다. 저들은 그토록 아름다운 자신의 모습을 가꾸기 위해, 한동안 뽀족뽀족 가시에 찔리는 단련의 시기를 보내고 있었구나. 더운 여름, 숲을 찾는 사람들에게 시원한 그늘을 선사하기 위해 뼈저린 겨울을 인내하고 있었구나. 그러면 그렇지. 긴 시간 자신을 철저히 단련했기에 그토록 푸근한 모습이 나오는 것이로구나. 항상 온화한 표정으로 만나는 사람에게 편안함을 주는 얼굴. 누구든 품에 안아 다독이며 사랑을 베풀어 주는 넉넉한 가슴. 그게 거저 되는 것이 아니로구나. 홀로 무수한 가시에 찔리며 인내한 결과 그토록 원만한 인품을 자아내게 된 것이로구나….

나는 아직 옷을 입지 않아 이름을 알 수 없는 나무들을 지나 잣나무 숲으로 들어갔다. 겨우내 잎을 달고는 있었다 할지라도 저들 편히만 있었으랴. 온갖 눈보라를 견뎠을 잣나무. 사철 푸르러 고마운 잣나무 숲을 걷는다.

신기하기도 하지. 그 그늘 아래서 분홍빛 진달래가 만개하고 이름 모를 풀들도 초록으로 싱싱하다.

마침 그 곁의 벤치에 한 쌍의 부부가 앉아서 봄볕을 쬐고 있다.

아름다운 그림이다. 숲길을 걸으면서도 흘깃흘깃 그 쪽을 보곤 한다. 그런데 바로 그 앞에 휠체어 하나가 놓여 있다. 아니나 다를까, 잠시 후 그들이 일어나더니 남자가 여자를 부축하여 휠체어에 앉힌다. 아, 환자인 아내에게 봄 숲의 싱그러운 산소를 마시게 해주러 왔구나. 개나리, 진달래, 벚꽃 만발한 숲 구경을 시키러 왔구나. 나는 갑자기 간호하는 남편이나 간호 받는 아내가 겪고 있는 고생이 피부로 느껴져 마음이 아프다. 나도 모르게 기도가 나온다. 주님, 저들에게 자비를 베푸소서.

　숲의 가장자리로 시선을 돌리니 목련이 환하게 등롱을 켰고, 벚꽃도 조랑조랑 피어 유치원 어린이처럼 시끄럽게 조잘대고 있었다. 겹 벚꽃인지 멀리서 보니 완전히 흰 구름 덩이 같다. 잎이 솟아나기 전의 벚꽃은 순백의 천사가 되어 사람의 마음을 사로잡는 것인가. 그 쪽을 향해 몇 발자국 앞으로 걷자니 어린이 놀이터가 나온다. 소풍 나온 어린이들이 가득하다. 호루라기를 부는 선생님, 재재거리는 아이들. 금세 생명의 기운이 넘쳐 솟는다.

　봄바람이 살랑살랑, 얼굴에 닿는 감촉이 감미롭다. 다음 순간, 와아, 바로 눈앞에서 꽃비가 내린다. 아니 비가 아니라 눈이다. 하얀 꽃눈이 하르르 하르르 내린다. 내 머리 위로, 어깨 위로, 하르르 하르르 춤을 추며 내린다. 환상이다. 이토록 아름다운 봄의 정취를 서울 시내에서 누릴 수 있음에 감사한다.　(2006년 4월)

어서 나와 보고 맛 들여라

거리를 걷다 보면 똑같은 꽃나무라도 일찍 벙그는 꽃이 있고 늦게 벙그는 꽃이 있다. 나무에도 연한 새순이 일찍 돋는 가지가 있고 그렇지 않은 가지가 있다. 그것은 대개 일조량에 따른 차이, 그들이 서 있는 자리가 양지인가 음지인가의 차이가 아닌가 싶다.

골목길을 지나는데 어느 집 뒤뜰의 목련나무에서 하얀 꽃 두 송이가 벙글고 있었다. 양지에 선 목련은 이미 화들짝 피어 나무가 통째로 함박웃음을 웃고, 연초록 잎새까지 돋아나 재잘거리고 있는데, 뒤늦게야 애써 벙그는 목련꽃 두 송이.

두어 장 꽃잎은 이미 수월찮이 벌어져 있었고 다른 잎들도 속에서 서로 비집고 나오겠다고 고개를 들썩이고 있었다. 그 모습이 그날따라 유난히 귀여워 보여, 가던 걸음을 멈추고 한참을 쳐다보았다. 마치 어린 남매들이 장에 갔다 온 엄마 품에 서로 안기려고 팔을 벌려 달려드는 모습 같았다. 나는 상상 속에 건너온 그네들의 목소리도 들었다.

"엄마, 나 먼저, 나 먼저!"

그런가 하면 또 성경 속의 이야기, 키 작은 자캐오가 예수님을 뵈오려고 나뭇가지에 올라가 목을 뽑고 서 있는 모습을 보는 것 같기도 했다.

"비켜 봐. 비켜 봐. 나도 좀 보게 비켜 봐."

어쨌건 남에게 뒤처지지 않고 제때에 꽃을 피운다는 것은 축복이다.

나는 그 순간 부모의 사랑을 듬뿍 받고 자란 아이들과 그렇지 못한 아이들을 떠올려 보았다. 사랑을 받고 자란 아이들은 아쉬울 것이 없다. 결핍을 모르니 구김이 없고 매사에 자신감이 있어 당당하다. 게다가 부모라는 든든한 배경이 있어 필요할 때 도움도 받는다. 그러기에 제 능력을 한껏 발휘하여 제때제때 활짝 핀다.

반면에 그렇지 못한 아이들은 아무리 능력이 있어도 제대로 뻗어 나가지 못한다. 워낙 타고난 재능이 있어 뻗어 나간다 하더라도 그 진도가 더디다. 그러다 보니 늦게 필 수밖에.

나는 그 부모를 주님으로 바꾸어 생각해 보았다.

주님 사랑 안에 사는 사람들과 그렇지 않은 사람들은 어떻게 달라지는 것일까.

일찍이 주님의 품에 안겨 사랑을 체험하며 사는 사람들은 작은 것에도 감사하는 마음으로 기쁘게 살고 있다. 행여 일이 잘 안 풀려도 모든 것 주님의 뜻이라며 긍정적으로 생각한다. 어떤 시련에 맞닥뜨려도 좌절하지 않는다. 그러기에 어떠한 고통 속에서도 주님을 의지하며 희망을 잃지 않고 살아간다. 오히려 그 고통을 견디기 위해 간절히 기도하며 주님께 더욱 가까이 다가서고, 고통을 은총으로 승화시키며 성숙해진다.

그리고는 마침내 고통을 먼저 체험한 사람으로서 고통 받는 이웃의 손까지 잡아주며 위로자가 되어 주기도 한다. 사실 어떤 시련을 당했을 때, 그런 일을 당해 보지도 않은 사람의 백 마디 위로의 말보다 비슷한 일을 겪은 사람의 한마디 말이 얼마나 큰 위로가 되는지 경험해 본 사람은 알리라.

그러나 주님을 모르는 사람들은 어떻게 살고 있는가. 무언가 일이 좀 안 풀리면 이미 받아 누리고 있는 일상의 은총들은 생각지도 않고 지금 잘못된 것에만 매달려 불평이 커진다. 당연히 감사도 없고 기쁨도 없다. 작은 손해도 견디지 못하며 삶 자체에 회의를 느끼고 좌절한다. 허황된 자존심만 앞세우며 일어서 보려고 노력도 안 하고 한숨짓는다.

반대로 잘나가는 사람의 경우도 위험천만이다. 모든 것이 자기가 잘나서 이루어진 것으로 착각하고 극도의 교만으로 치닫는다.

다른 사람 무시하기가 일쑤다. 그들의 실패는 자기가 못나서 당한 것이니 그의 고통을 이해해 줄 필요도 없다. 이해는커녕 상처나 주지 않았으면 다행이지만 독불장군이 되다 보니 말 한마디라도 따뜻하게 나갈 수가 없다. 자기 혀에 칼날이 서는 것을 의식도 못한다. 자신도 모르는 사이에 이웃에게 상처를 주게 마련이다. 만일 그 사람이 주님을 모시는 사람이었다면 넘치도록 받은 은총에 감사하고 더욱 겸손해져서 이웃의 아픔을 이해하고 그들을 위해 말 한마디라도 조심하련만.

그날 내 귀에는, 일찌감치 피어난 목련이 아직 피어나지 못한 목련들을 향해 외치는 소리가 들렸다.
"얘들아, 너희도 어서 나와 봐. 태양처럼 따스한 주님의 사랑. 어서 나와 보고 맛 들여 봐. 그분이 얼마나 좋으신지, 어서 나와 보라니까." (1999년 4월)

지하철 계단을 오르내리며

햇살 맑은 삼월 어느 날, 여의도에 볼일이 있어서 서울에 나갔다. 분당에서 광화문까지는 좌석버스를 이용하고 거기서는 5호선 전철을 이용하기로 했다.

지하철이 씽씽 달리자 갑자기 몇 년 전 친구랑 나눈 이야기가 떠올랐다.

그 친구가, "혹시 이민을 가고 싶은 적이 있느냐, 있다면 언제냐?" 하고 묻기에 망설임도 없이 "차가 너무 막힐 때"라고 대답한 적이 있었다. 정말이지 대책 없이 차가 막힐 때는 땅 넓고 인구 적은 어느 타국이 간절하게 그리워지곤 했다.

그런데 최근 지하철을 이용하게 되면서부터는 그런 생각이 없어졌다. 이제 오히려 우리나라처럼 교통 좋은 곳이 또 있겠나 싶어 이민 생각은 쏙 들어갔다. 땅 넓고 인구 적은 어느 낯선 나라에서 자기가 차를 몰지 않으면 아무 데도 갈 수 없는 그 답답함을 어찌 견디려고!

　우리나라 좋은 나라. 사통팔달 기차나 전철 두어 번만 갈아타면 못 갈 곳이 없는 이 좋은 조국을 두고 어디로 간단 말인가. 외국인들도 우리의 수도권 전철을 칭찬해 마지않는다. 더욱이 그 많은 선로를 가지가지 빛깔로 구분지어 찾기가 얼마나 편리한가.

　그뿐인가. 요즈음은 은행 카드 하나로 버스도 타고 전철도 탈 수 있게 되었다.

　참으로 생각지도 못한 편리가 자고 나면 눈앞에, 자고 나면 눈앞에 새롭게 펼쳐지고 있어 신기하기만 하다. 추운 겨울날, 은행 문 열기도 전에 집안 아랫목에 앉아 폰뱅킹으로 돈을 보내면서, 또는 멀리 있는 친지들과 이메일을 주고받고, 바쁜 원고를 마감 시간 임박해 전송하면서 기계 문명에 감사하지 않을 사람이 어디 있으랴.

　그렇게 되기까지 각고의 노력으로 피땀을 쏟았을 과학자들은 제대로 대접이나 받고 있는지. 요즘은 법대 아니면 의대만 고집하는 엘리트들 때문에 서울대학교의 이공계열까지도 미달 사태가 벌어지고 있다 하니 마음이 몹시 씁쓸하다. 진짜 엘리트들은 이공계로 몰려야 순리가 아닐까? 창의적 노력에 생애를 걸고 있는 공학도들에게 정부의 적극적인 지원이 아쉽다.

　그건 그렇고.

　나는 전철 타기를 유난히 즐긴다. 모두들 운동이 필요하다고 극성을 부리는 요즈음 내 유일한 운동은 걷는 것이기 때문이다. 성당이고 우체국이고 30분 거리는 일단 걸어 다니는 게 나의 버릇이다. 특히 서울에 나갈 때 전철을 타게 되면 상당한 거리를 걸을 수가 있어 좋다. 전동차를 타러 지하로 들어갈 때, 또는 전동차에서 내려 밖으로 나올 때도 나는 가능하면 에스컬레이터를 타지 않고 계단을 이용한다.

그 계단을 밟아 오를 때 아주 가파르고 아득히 높아서 걷기도 전에 미리 질리는 곳이 있다. 내가 다니는 곳 중에는 4호선 충무로역, 5호선 여의나루역, 7호선 고속터미널역 등이 그렇다. 전에는 그런 계단을 보면 왠지 무섭기도 하고 시간이 많이 걸릴 것 같아서 에스컬레이터를 탔었다. 그러나 요즈음은 급한 일만 아니면 부담 없이 계단으로 오르게 되었다. 알고 보니 시간이 더 걸리지도 않았다.

어느 날 문득 위로 가파르게 뻗어 있는 계단 앞에서 한 가지 결심을 했던 것이다. 될 수 있으면 저 꼭대기를 바라보지 말자. 그냥 내 앞에 보이는 계단만 보면서 뚜벅뚜벅 올라가자. 하나, 둘, 셋, 넷, 즐겁게 계단을 세면서 올라가다 보면 끝이 나오리라. 위를 보니까 아득하고 무서운 거지 앞만 보면 평지와 다름이 없지 않는가. 미리 겁먹어 두려워하지 말고 그저 시야에 들어오는 몇 개의 계단만 보고 가자.

그렇게 마음을 다지고 하나, 둘, 세며 오르다 보니 대부분 열대여섯 개 세고 나면 잠깐씩 편편한 곳이 나왔다. 거기서 두어 발 숨고르기를 하고 다시 하나, 둘, 셋, 넷, 쉬지 않고 세면서 오른다. 그리고 열대여섯에서 숨고르기, 다음은 세기. 이런 식으로 그 많은 계단을 오르다 보니 나름대로 재미도 있고 전혀 무섭거나 질리지 않아서 좋았다.

 산을 오를 때도 마찬가지.

 저 높은 곳을 언제 오르나, 미리 생각하지 않고 지금 보이는 곳만 보면서, 거기 있는 나무와 꽃과 돌들을 보고 즐기면서 그냥 오르는 것이다. 그러다 보면 어느새 나는 산꼭대기에 서 있는 것이다.

 두꺼운 책을 읽을 때도 마찬가지. 이걸 언제 다 읽는담, 하고 미리 질릴 필요 없이 그냥 한 쪽 한 쪽에 눈을 주고 따라가다 보면, 내용은 물론 단어 하나 구절 하나까지에 마음을 빼앗겨 정신없이 책장을 넘기게 된다. 그리고는 마침내 좀 더 이어졌으면 하는 아쉬움 속에 마지막 책장을 덮게 되는 것이다.

 그러면서 나는 한 가지 사실을 깨달았다.

 우리가 어떤 일을 할 때 그 목표점만 생각하다 보면 너무 벅차고 멀리 있어 아득할 때가 있다. 자신 없고, 두렵고, 그래서 포기하고 싶을 정도로 마음이 약해질 때가 있다. 그러니 지금 주어진 상황, 그것에만 열심히 신경을 쓰자는 것. 그렇게 열심히 하다 보면 자기도 모르게 목표점에 다다르게 된다는 것. 물론 큰 방향이 틀어지지 않도록 이따금 확인을 해야겠지만 우선은 앞만 보고 걷자는 것.

이런저런 생각을 하는 동안 목적지에 도착했다. 숱한 계단을 밟아 올라 여의나루역을 빠져 나왔다.

아, 그런데 이것 좀 보게나. 여의도 강변로에 즐비한 벚꽃나무 사이에서 상큼한 봄바람이 불어와 코끝을 간질이고, 가지들 끝에는 하얗게 조랑조랑 밥풀만한 꽃망울이 매달려 나를 반기고 있지 않는가.

봄이 언제 올까 아득했지만 추운 겨울 하루하루 열심히 살다 보니 봄은 또 이렇게 우리 곁에 와 있었다. (2002년 3월)

나팔꽃 줄기를 거두며

　지난 봄, 동정 성모회 수녀님들께서 후원회 회원들에게 특별한 선물을 보내 주셨다.
　"당신은 사랑 받기 위해서 태어난 사람"이라는 노랫말과 함께 꽃씨 다섯 알을 보내신 것이다. 편지글에 아파트 베란다에라도 심어서 정성껏 가꾸어 주면 꽃이 필 거라고 쓰셨다.
　나는 당장 화분에 부드러운 흙을 퍼다 담고 꽃씨를 심었다. 그리고 조심조심 물을 주었다. 어느 날 그곳에서 싹이 돋았다. 신기하고 반가워 걸핏하면 베란다로 나가 갓난아기 보듯 새싹을 쳐다보곤 했다. 며칠 후 또 하나의 싹이 났다. 그런데 두 개의 모양이 달랐다.
　어찌 됐건 두 개의 싹이 잘 자라기를 바라며 정성껏 물을 주었다. 하나는 차츰 키가 쑥쑥 자랐다. 하나는 작달막하게 싸목싸목

자랐다. 도대체 저건 무슨 꽃이며 이건 또 무슨 꽃일까, 궁금해 하고 있는데 낮은 싹에서 줄기가 뻗기 시작했다. 나팔꽃이라는 것을 알았다. 아이구, 이 아파트 베란다에서 어디로 줄기를 뻗쳐 주나. 조금 걱정이 되었지만 옆에 있는 난초 화분걸이에 조금씩 기대게 해주었다. 계속 줄기를 벋었다. 할 수 없이 베란다 문틈 사이로 줄기를 내걸어 바깥 창틀로 벋어가게 해주었다. 하루가 다르게 줄기는 길게 늘어졌다.

한편 멀대같이 키만 크던 화초도 마침내 제 이름을 드러냈다. 달맞이꽃이었다. 어느 날 노오란 꽃 한 송이를 피워냈다. 하하, 이 좁은 화분에서 고맙기도 하지.

그리고 얼마 후 8월 초하룻날이었다. 그날은 시집 간 딸아이의 생일이어서 어둑한 새벽에 나가 축복미사를 드리고 돌아왔다. 나는 거실 창을 열러 나갔다가 깜짝 놀랐다. 아아, 나팔꽃 한 송이가 피어 있었던 것이다. 빨강도 아니고, 분홍도 아니고, 그렇다고 보라도 아닌, 진분홍빛이었는데, 꽃송이 끝 가장자리로는 가늘게 하얀 테두리가 둘러져 있어 가히 환상적이었다. 게다가 꽃송이도 베란다에 두고 보기 아까울 정도로 큼직했다.

세상에, 고맙기도 해라. 내가 축복 미사를 드리러 갔을 때, 우리 주님께서 나팔꽃 한 송이를 선사하셨구나. 하도 반갑고 기뻐서 얼른 딸아이에게 전화를 했다. 미사 중에 주님께서 축복을 주신 것도 감격인데 꽃 선물도 보내주셨다고 하니 무척 기뻐했다.

그날 이후 나팔꽃은 하나씩 둘씩 많이도 피었다. 어제 핀 꽃은 지고, 새 송이가 다시 피고 다시 피었다. 어느 날은 세 송이 네 송이도 피고, 어느 날은 다섯 송이도 피었다. 길고 긴 장마가 지던 8월 내내 피었다. 그 을씨년스러운 날씨에 아침마다 빛 고운 꽃이 피어 베란다를 화사하게 밝혀 주고 있었다.

나는 순간적으로 한 생각을 떠올렸다.

하느님께선 뭐든 생명 있는 것에겐 꽃을 주셨구나. 어떤 환경에서도 노력만 한다면 한 번은 제 꽃을 피우고 떠날 수 있도록 마련해 주셨구나. 그런데 그 경우 토양도 중요하지만 뒷바라지라는 것도 무시할 수 없겠구나. 누가 어떻게 가꾸느냐에 따라서 꽃이 피기도 하고 그냥 스러지기도 할 테니까. 무어든 누군가 잘 보살펴주면 저렇게 제 꽃을 피울 수 있는 거구나.

문화 센터에서 수필 교실을 맡은 교수님한테서 들은 이야기가 생각났다.

공부를 한다고 들어온 사람 중에 영 아니다 싶은 사람이 있었다고 했다. 너무 심란해서 그만두었으면 싶은 생각에 조심스레 말을 돌려 눈치를 주기도 했지만 그녀는 결코 포기하지 않고 꾸준히 출석하더라는 것이다. 어떤 면에서는 더 오기를 부리면서 글을 써내더라는 것이었다. 그 성의가 가상해서 기초부터 하나하나 고쳐주면서 지도를 했는데, 조금씩 나아지더니 학기가 끝날 무렵엔 아주 훌륭한 솜씨를 보이더라는 것이다.

그래서 그 교수님은 인간에 대한 속단이야말로 지극히 위험한 것임을 깨달았다고 했다. 어떻게 싹을 틔우느냐, 어떻게 가꾸느냐에 따라서 자기 속에 들어 있는 소질이 사장될 수도 있고, 계발될 수도 있는 것을 절감했다는 것이다.

주님께서는 그래서 추수 때까지 가라지도 거두지 말라고 하신 것일까. 좋은 씨앗이 좋은 땅에 나서 좋은 보호를 받으며 자라면 더 이상 바랄 것이 없겠지만 그중 한 가지만 받아도 하느님이 주신 능력, 누구나 자기에게 걸맞은 꽃을 피울 수 있으리라.

8월 한 달 내내, 대엿새 거리 물을 주면서 피운 나팔꽃.

이제 9월도 다 가고 말아 그 줄기를 거두지 않을 수 없게 되었다. 그동안 한 식구로 살았기에 섭섭하기 그지없지만 어쩔 수가 없다.

"아침마다 화사한 창을 내게 선물하고, 보태어 삶의 교훈도 전해 준 꽃들이여, 고맙다."

나는 그들에게 속삭이며 마치 못할 일이라도 하는 양 살살 줄기를 거두었다. (2002년 10월)

버스 안 풍경

출근길은 항상 바쁘다. 새벽 6시 반 안에 집을 나서야 하니 겨울이면 더욱 그렇다.

나는 분당에서 영등포까지의 노선을 이용하는데 이용객이 별 없는지 배차 시간이 무척 뜬다. 1992년, 처음 이곳에 이사 왔을 때에는 자그마치 30분 간격이어서 무던히도 내 속을 태웠다. 차라리 이 버스가 없으면 다른 버스를 타고 가다가 갈아타기라도 할 텐데 사람 마음이 한 번에 가는 버스를 두고 두 번씩 갈아타기는 어려웠다. 조금만 더, 조금만 더, 하고 기다리다 보면 40분 정도 기다리는 경우도 있었다.

봄가을은 그래도 괜찮았다. 햇살 뜨거운 여름, 그늘도 의자도 없는 길가에 우두커니 서서 버스를 기다리고 서 있노라면 화가 머리 끝까지 치밀어, 다음에는 내가 이 버스 기다리나 봐라, 하고 결심을 하지만 내일이 되면 행여나 하는 마음으로 다시 그 버스를 기다리고 서 있곤 했다. 힘들기는 눈보라 치는 겨울도 마찬가지였다. 뼛속까지 스며드는 그 시린 바람을 차 안에 있는 사람들이 감히 짐작이나 하겠는가.

물론 기다림이 그렇게 절실하다 보니 어쩌다 받는 행복감도 대단하다. 때로는 기다린 지 5분도 안 되어 버스가 온다. 그럼 나는 천하를 얻은 듯이 기뻐, 나도 모르게 하느님 감사합니다, 하고 성호까지 긋게 되는 것이다.

요즈음은 버스도 많아지고 길도 많이 뚫려 교통이 무척 좋아졌지만 이상하게 영등포 쪽으로 가는 버스는 여전히 한 대뿐이다. 그나마 배차 간격이 조금 좁혀져 다행이랄까.

하여간 오늘도 한 10분을 기다리다가 미운 정 고운 정 다 든 736-1번 버스를 탔다. 그런데 내가 교통 카드를 기계에 대자마자 방정맞게 "요금이 부족합니다, 요금이 부족합니다" 하는 앵무새 소리가 들리는 것이 아닌가. 흔들리는 몸을 가누기 위해서, 아니 자리를 잡기 위해서 얼른 들어가 앉아야 할 판인데 이런 난감한 일이 있나, 하며 지갑을 꺼냈다. 거기에는 더 난감한 일이 기다리고 있었다. 아무리 뒤져도 천 원짜리 한 장이 없는 것이다. 동전을 꺼내 세어 봐도 850원이 못 되었다.

나는 할 수 없이 운전기사에게 만 원짜리를 내밀며 거슬러 줄 수 없느냐고 했더니, 입구에 서서 타는 사람들에게 받으란다. 한 시간 남짓 이 차를 타고 가려면 자리부터 잡아야 하는데 이를 어쩌나, 애를 태우며 앞자리 몇 사람을 향해 잔돈 좀 바꿔 주실 수 있을까요, 애교를 떨어 보았지만 다들 시큰둥하다. 그때 중간쯤에서 한 중년의 신사가 뚜벅뚜벅 걸어 나온다. 그리고는 내게 천 원짜리 한 장을 내밀면서, 이걸로 넣으세요, 한다. 나는, 너무 죄송해서 멍하니 서 있었더니 그가 얼른 손수 요금함에 집어넣는 것이었다. 감사합니다. 나는 허리를 굽혀 깍듯이 인사를 하고 빈자리를 찾아 앉았다. 그러자 운전기사가 웃음기 어린 목소리로 크게 하는 말.

 "아주머니, 저 양반 얼굴 잘 기억했다가 꼭 갚아야 해요."
 "네. 알겠습니다."
 "안 갚으면 내가 하느님한테 이를 거예요."
 웃음 가득한 우리의 대화를 듣고 사람들이 모두 웃었다.
 그러자 이번에는 아까 돈을 넣어 준 신사가 한마디.
 "아이구, 돈 천 원 가지고 아주머니 너무 기죽이지 맙시다."
 다시 운전기사가 더 큰소리로 말한다.
 "기죽이기는요, 이러면서 웃고 가자는 것이지요. 웃어야 건강하대요."
 버스 안이 갑자기 훈훈해졌다. 모두들 마음이 열리는지 큰소리를 내어 웃었다. 그래 나도 용기를 내어 말했다.
 "나중에 저도 저 같은 사람 있으면 얼른 가서 내주겠습니다."

그러자 또 운전기사가 더 크게 말한다.

"그렇지요. 바로 그거지요. 우리 서로 그렇게 삽시다."

오늘 아침 그 버스에 탄 승객들은 분명 상쾌한 기분을 만끽했으리라 믿는다. 한 40대로 보이는 그 기사 덕분에 버스 안은 다정하고 즐거운 풍경을 연출했으니까.

어느 분야에서나 자기 일을 즐겁게 하는 사람은 아름답다. 기쁘게 일하니 일의 능률도 오를 것이고, 자신도 행복할 뿐 아니라 타인을 즐겁게 해주니 선행도 쌓는 게 아닌가. 그런 사람들이 우리 사회를 밝고 따뜻하게 만든다는 것을 다시 한번 깨닫게 해준 쾌청한 아침이었다.

물론 더 감사할 일은 내 난처한 입장을 재빨리 구해 준 중년 신사의 배려와 용기이긴 하지만. (1996년 4월)

돈을 간추리며

언제부턴가 돈을 셀 때면 꼭 하는 버릇이 있다.

한 장 한 장 보면서 구겨진 것은 펴고, 앞면과 뒷면, 위아래가 나란히 되도록 질서 있게 간추리는 것이다.

은행에서 막 찾아온 돈 묶음도 거의 앞뒤가 섞여 있거나 위아래가 뒤집혀 있어 늘 눈에 거슬린다. 단순한 글자만 있다 해도 위아래가 맞아야 하겠거늘, 이건 버젓이 우리의 조상들, 더욱이 존경스런 어른들의 얼굴이 새겨져 있는 돈이 아닌가.

세계 각국의 화폐 속에는 그 나라 역사 속의 위대한 인물이 들어 있다. 그분들의 얼굴이 마구 구겨지고 찢기고 하는 것은 자기 나라 역사에 대한 모독이기도 하다. 그러기에 그분들의 얼굴이 뒤쪽으로 넘어가 있거나 거꾸로 눕혀져 있는 것도 그냥 보아 넘길 수가 없는 것이다.

나는 그것들을 일일이 맞추고 구겨진 자리는 반듯하게 펴서 긴 지갑에 가지런히 넣는다. 그렇게 돈을 간추리다가 빳빳한 새 돈이라도 나오면 반가운 마음으로 얼른 따로 빼내어 성당 가방에 넣는다. 주일 헌금을 위해서다.

그런데 내가 돈을 간추리는 것을 본 친구들이 한마디씩 한다.

"어머나, 돈을 다 간추려? 별일이야."

"얼만지만 알면 되지, 바쁜 세상에 뭐하는 짓이야?"

그러나 어떤 사람은 조금 놀란 표정으로 다정하게 말해 준다.

"와, 돈을 그렇게 소중히 다루니까 보기 좋은데."

똑같은 사물을 보고도 느끼는 것은 다양하다. 그것 좀 간추리는 데 무슨 시간이 얼마나 걸린다고!

아무러나 후자처럼 말해 주면 기분이 좋아진다. 물론 돈이 소중한 건 사실이다. 하지만 나는 더 큰 이유가 있어서다.

신학기 첫 수업을 할 때 우리 역사상 가장 존경하는 인물이 누구냐고 묻고, 학생들이 잠시라도 망설이면 나는 호통을 쳐 왔다.

당연히 훈민정음을 창제하신 세종대왕이 으뜸이지 망설일 게 뭐 있느냐고. 그 다음이야 나름대로 달라질 수도 있겠지만 도대체 첫 번째 인물을 망설이다니 말이 되느냐고.

필요는 발명의 어머니라고 한다. 그러나 대왕께서는 어린 시절부터 한문을 터득했기에 본인 스스로 문자에 대하여 아무 아쉬움이 없으셨을 터이다. 그런데도 오로지 몽매한 백성들을 위해 심혈을 기울여 한글을 만드신 것이다. 본인이나 가족을 위한 절대적 필요에 의해서가 아니라 오직 백성에 대한 측은지심으로 쉬운 문자를 만들어 주고자 기울였던 노력, 그 순수한 열정이야말로 존경받아 마땅하지 않는가.

한글에 나타난 언어학적 우수성이나 과학성도 물론 존경의 대상이다. 그것은 세계 언어학자들이 이구동성으로 인정한 바이다. 그 한 예로 유네스코에서는 한글을 세계 문화유산으로 지정했을 뿐 아니라 세계적으로 문맹 퇴치에 공헌한 사람에게 상을 주고 있는데, 그 상의 이름을 '세종상'이라고 한 것이다.

그뿐인가. 미국 시카고 대학의 언어학자 맥콜리 교수는 매년 10월 9일이면 자기 연구실에서 제자들과 함께 세종대왕을 기념하는 식까지 갖는다고 한다. 이 일을 무려 20여 년 간 계속하고 있다 하니, 큰 인물을 알아본 그 교수도 대단하지만 세종대왕이야말로 언어학자로서는 가장 존경할 만한 인물임을 입증하고 있는 것이 아닌가.

더구나 요즈음 컴퓨터 워드를 치면서 느끼는 것은 세종대왕께서는 멀리 오백 년 앞까지도 내다본 분이었다는 것이다. 뛰어난 과학자이기도 했던 그분은 컴퓨터 시대가 올 것을 예상이라도 했던 것일까. 자음 모음이 어우러져야만 한 음절이 되게 했으므로 자판 위에서 왼손 오른손이 박자를 맞춰가며 신나게 왔다 갔다 한다. 그 균형감이 얼마나 좋은가.

영어를 치다 보면 어느 한쪽에서만 왔다 갔다 할 경우가 적지 않다. 두 개의 모음이 겹치는 것은 다반사고 두세 개의 자음이 겹치는 경우도 있다. 그러다 보니 우리처럼 자음 모음을 좌우로 나누어 배열할 필요조차 느끼지 않았으리라.

그토록 문자 자체의 우수성도 자랑스럽지만 그보다 더 높이 사고자 하는 것은 역시 창제 동기라 하겠다. 글을 안다는 것은 어둠 속에서 빛을 만난 것이요, 미지의 세계에 대한 개안이요, 새로운 세상을 얻은 경이로움이 아니던가. 아무리 생각해도 존경스럽고 백 번 천 번 감사를 드려도 모자랄 임금다운 임금이시다. 보통 임금들이야 현재 있는 한문 가지고 쓰면 그만이지 아랫것들 글 몰라 애태우건 말건 관심이나 두었겠는가 말이다.

언젠가 10만 원짜리 지폐도 나와야 한다는 말이 떠돌았다. 나는 그 지폐에 누구의 얼굴을 담을 것인가 생각해 보았다. 적어도 세종대왕을 능가하는 인물이어야 할 것이다. 그러나 없었다. 그런 의미에서도 10만 원짜리 지폐는 곤란할 것 같았다.

내가 가지런히 돈을 간추리게 된 것이 언제부터인지 기억이 생생하지 않은 걸 보면 상당히 오래 전부터인 듯하다. 아무튼 나는 지갑 속에 넣을 때나 남에게 건넬 때나 어김없이 돈을 간추린다.

큰 돈을 만질 일이 없어 시간 걸릴 까닭도 없으니 다행이랄까.

(1998년 6월)

음악과 나

내가 음악을 좋아하게 된 것은 언제부터였을까?

곰곰 거슬러 올라가 보니 아무래도 중·고등학교 때가 될 것 같다.

전주여중 때 음악 선생님은 오진동 선생님, 광주여고 때는 한병철 선생님. 두 분 얼굴이 떠오른다. 약간 곱슬머리 흩날리며 멋진 테너로 우리를 열광케 했던 오진동 선생님. 그리고 한병철 선생님이 불러 주시던 우리 가곡 「내 마음」이나 슈베르트의 겨울 나그네 중 「홍수」를 넋 잃고 들었던 기억이 선명하다. 선생님은 정말 감정을 넘치도록 쏟아 부어 감수성 예민한 우리의 마음을 촉촉이 적셔 주었었다.

나는 학교에서 배운 노래를 집에 와서도 자주 불러, 정확한 곡과 가사를 빨리 외웠다.

그 뒤, 고등학교 3학년 때였다. 독일어과 조병남 선생님께서 독일어를 좋아하는 학생 몇에게 독일어 특강을 해주셨다. 지금 생각하면 당치도 않은 일인데 그때만 해도 인정 넘치던 시절이라 선생님께서 우리에게 무료 봉사를 해주신 것이다.

일주일에 한두 번 선생님 댁에 가서 공부를 했는데, 그때 클래식 음악이라는 걸 처음 들었다. 1957년 당시에는 전축이며 레코드판을 소유한 사람이 흔치 않았다. 맨 처음 베토벤의 「운명」을 틀어주셨는데 그 첫 소절에 매료되어 정신이 아찔할 지경이었다. 갈 때마다 공부 시작 전에 클래식 음악을 틀어 주시며 간단한 해설을 덧붙여 주시던 조병남 선생님. 지금쯤은 어디서 어떻게 지내실까 몹시 뵙고 싶다.

그때 그 친구들은 내내 연락을 하고 살았는데 박금자, 최향선은 고등학교 졸업 후 독일로 건너가 수녀님이 되어 돌아왔다. 강옥구는 이화여대 약대에 다니던 중 미국인 교수의 끈질긴 프러포즈를 받아들여 국제결혼을 하고 미국에 건너가 살면서, 시를 써서 우리 문단에 등단하고 가끔 고국에 나와 만나곤 했는데 아깝게도 두어 해 전 세상을 떠났다.

박금자 수녀는 순천 성 가롤로 병원을 짓던 중 50대에 세상을 떠났고, 최향선 수녀는 예수 수도회에서 아직도 열심히 봉사의 삶을 살고 있어 자랑스럽다.

그건 그렇고, 그 뒤 대학에 들어가서의 일이다. 미국 공보원에서 금요일마다 음악 감상회를 열었다. 나는 당연히 회원으로 참가했다. 회원은 20여 명. 그리스 신화에 나오는 음악의 여신 '무자이'라는 이름을 따서 '금요 무자이'라고 부르던 모임이었다.

매주 금요일 7시부터 9시까지 우리는 정말 열심이었다. 대학 선배가 회장이었는데 미리 곡을 선정하고 그에 대한 해설을 팸플릿으로 만들어 당일 우리에게 나누어 주었다. 그땐 복사기도 없었으니까 자기 글씨로 줄판을 긁어서 등사를 해야 했다. 물론 종이도 귀했다. 그런데도 그 회장은 열심히 그 일을 해냈으니 지금 생각하면 보통 정성이 아니었다. 바흐, 베토벤, 브람스, 슈베르트, 모차르트, 무소르크스키, 생상스, 스메타나… 정말 많은 음악가의 이름을 그때 알았고 그들의 음악에 도취했었다. 주일마다 금요일이 얼마나 기다려졌던가.

그때 나랑 함께 회원이었던 이금심, 조양숙은 아직도 내 생애의 반려로 자주 만나고 있다. 정말 우리는 그 음악 감상에 열심이었다. 끝나고 나올 때는 언제나 밤. 칠흑의 밤도, 비 내리는 밤도, 은하수 맑게 비치는 달밤도 우리에겐 다 아름답기만 한 추억을 안겨 주었다. 그땐 또 구두가 하이힐이어서 그 뾰쪽한 뒤꿈치로 또각또각 소리 내어 포도를 걸으며 밤의 정서에 취하곤 했었다.

그 후 내가 직장을 갖게 되자, 첫 월급으로 책과 레코드판을 샀던 기억도 새롭다. 그 일은 월급을 타면 맨 먼저 하는 일이었다. 책과 레코드판이 하나 둘 늘어나는 게 얼마나 신나던지, 누구보다 부자가 되는 것 같았다. 그러다 보니 자연 전축이 필요했다. 석 달인지 넉 달인지 월급을 모아 맨 처음 큰돈을 들여 마련한 것도 전축이었다.

그 무렵 우리는 원판을 갖는 게 소원이었다. 복사판과는 음질이 비교도 안 되었기 때문이다. 그때 마침 군의관인 오빠가 월남 전선으로 가게 되었다. 적진에서 무사히 돌아오기를 기도드리면서 귀국할 때 원판을 구해다 달라고 조르리라 꿈꾸었다. 오빠 덕분에 베토벤 전집, 그리고 브람스「심포니 4번」과「레퀴엠」등 원판을 손에 넣었을 때 그 기쁨을 어찌 다 설명할 수 있으랴.

게다가 트랜지스터라디오를 갖는 게 소원이었다. 적진에 나간 오빠에게 염치없이 그것도 부탁하여 선사받고 좋아했던 부끄러운 기억이 떠오른다. 그땐 유엔 방송이란 채널이 있었는데 요즘 에프엠처럼 늘 클래식 음악을 틀어 주어 밤낮으로 즐겨 들었다. 그런데 어느 날 새벽 3시쯤이었다. 갑자기 음악이 뚝 끊기며 아나운서가 다급한 목소리로 뛰어들었다.

"방금 들어온 급보입니다. 미국 케네디 대통령이 저격당했습니다…."

한밤중 나는 소스라쳐 놀랐다. 당시 떠오르는 별로 세계인의 주목을 받았던 그가 그렇게 무참히 서거를 하다니. 너무 놀라고 애석해 했던 그 일도 음악과 함께 떠오르는 기억이다.

여수여고에 재직할 때는 더 멋진 추억을 만들었다. 음악가 김 갑 선생님이 교장으로 계신 덕분이다. 그분은 음악이야말로 학생들의 정서 순화를 위해 절대적임을 강조하며 좋은 노래 보급에 앞장섰다. 건전 가요를 뽑아 『이 주일의 노래』라는 책자를 만들고, 그 중에서 한 곡씩을 '이 주일의 노래'로 정해 온 학생이 한 주일 내내 그 노래를 부르도록 지시했다. 조회 때와 종례 때 하루 두 번씩, 일주일 내내 그 곡만 부르다 보니 저절로 외워졌다. 나는 이런 천국도 있나 하고 매일 그 노래를 열심히 따라 불렀다.

그 해 가을, '충무공 기념 사업회' 후원으로 극장에서 음악회를 열게 되었다. 그런데 우리 교직원이 합창단으로 초청되어 노래를 부르게 된 것이다. 또 사중창도 있었는데 나도 그 멤버에 끼어 방과 후 열심히 연습하고 두 번씩이나 무대에 서기도 했다. 이 일이야말로 음악과 얽힌 아름답고 특별한 추억이다.

레코드판이 수월찮이 모아졌을 때 나는 결혼을 했다.

좁은 신혼 방에 장롱이야 화장대, 전축이며 책장까지를 들이고 나니 겨우 이부자리를 펼 정도의 공간만 남았다. 다행히 남편도 이해해 주었다. 직장을 그만두고 상경한 나는 더욱 음악과 더불어 살았다. 그때 첫아이를 가졌는데 음악이 태교에 좋다는 것도 모르는 상태에서 음악만 듣고 살았다. 나중 그 딸이 음악에 뛰어난 소질을 보여 그제야 그 태교 탓이 아닌가 싶었다.

그렇게 음악과 더불어 살았던 나는 의식주가 부실하기 짝이 없는 그때, 남편을 졸라 음악회 가는 것만은 놓치지 않았다. 여러 교향악단을 비롯하여 한동일의 피아노, 마리아 칼라스의 소프라노, 스테파노의 테너 등을 들으며 비록 배는 고파도 정신은 귀족이 되곤 했다. 그런 문화생활이 그리워 서울로 시집을 온 사람처럼.

조그마한 문간방에 세 들어 사는 처지에 그런 사치가 어디 있겠는가. 함께 사시던 시어머님이 당시의 음악회 티켓 값을 아셨다면 그 돈으로 고깃국이나 싫건 끓여 먹지, 하고 혀를 차셨을 일이다.

이렇듯 음악과 함께 살던 내가 한동안 음악을 잊고 살았다. 아이 셋을 연년생으로 낳아 기르며 도저히 그런 사치를 누릴 수가 없었던 것이다. 그런 세월이 십 년도 넘게 이어졌다. 그러는 동안 아이들이 중·고등학교 학생이 되면서 우리 집에 현대 음악이 자연스럽게 흘러들어 왔다. 아이들은 직접 노래를 부르고 기타를 치고, 라디오를 틀어도 꼭 시끌벅적한 현대 음악만 틀었다. 팝송, 록, 헤비메탈, 참으로 혼이 나갈 지경이었다.

그런 세월이 얼마를 흐르고 아이들이 뿔뿔이 흩어져 나갔다.
이제 혼자 남아서 나는 다시 클래식 음악을 듣기 시작했다.
아, 이 편안함. 마치 고향에 돌아온 것처럼 아늑한 행복에 젖는다. 지금은 아무의 구속도 없이 이른 아침부터 음악을 틀어 놓고 산다. 편하게 라디오 에프엠을 듣기도 하고, 내가 직접 골라서 전축에 얹기도 한다. 30여 년 고이 간직한 엘피판을 얹으니 음질이 많이 상했지만 그래도 좋다. 그 시끄러운 현대 음악에 댈 바가 아니다.

그런데 어느 날 아들이 시디 몇 장을 사다 준다. 와, 음질이 월등하게 좋다. 그뿐인가. 이삼십 분마다 판을 뒤집지 않아도 되니 맥이 끊이지 않아 더욱 좋다. 그런데도 불구하고 가끔씩은 엘피판을 얹어 듣게 되는 것은 젊은 날의 추억 때문일까.

아무튼 지금은 완전히 20대의 순수를 되찾은 느낌이다. 한 잔의 차를 마시며 음악이 흐르는 거실 창가에 앉아 책을 읽고 있으면 이 세상 평화란 평화는 다 내게로 오는 듯.

음악이 있는 한 나는 외롭지 않아서 좋다. (2001년 4월)

차마 꿈엔들 잊을 리야

여학생 시절을 추억하다 보면 아름답게 떠오르는 장소가 있다.

방학 중 고향 집을 가기 위해 혼자서 넘던 산 고개, 광양군 진상면에서 진월면을 이어주던 '상재'라는 고개다. 전주여중·고를 거쳐 광주여고로 전학해 졸업을 한 나는 방학 때마다 조부님이 계시는 광양으로 내려갔다. 지금은 길이 좋아 서울에서도 반나절이면 갈 수 있는 그곳이 그때만 해도 왜 그리 멀었던지.

순천까지 기차를 타고 가 광양 가는 버스를 타고, 다시 하동 가는 버스를 갈아탄다. 고향인 진월까지는 직행이 없었으므로 진상에서 내려 십리길이 넘는 '상재'를 타박타박 걸어서 넘는다. 간단한 옷가지며 책이 든 가방을 들고 산 고개를 넘는다는 게 쉬운 일은 아니었다.

여름이면 불볕더위 때문에 숨을 헉헉대고, 겨울이면 매운바람 때문에 시린 얼굴을 옷깃으로 싸 여미면서, 조금만 참으면 고향집에 도착할 수 있다는 희망으로 열심히 산을 넘었다. 그러면서 한참 감수성 예민한 소녀는 세상 보기를 배우고, 자연과 대화하는 법을 배웠다.

　구불구불 긴 허리띠를 풀쳐놓은 듯한 논배미. 한창 기승을 부리는 멸구 퇴치에 애쓰던 농부들. 그 아저씨들이 입고 있던 구멍 숭숭 난 러닝셔츠. 그 구멍으로 드러나 보이던 구릿빛 등살. 목이 마르면 자연스럽게 엎드려 두 손으로 움켜 마시던 계곡물. 여기저기 피어 있는 이름 모를 풀꽃들. 풀숲에 기어 다니던 온갖 모양의 곤충들. 산허리에 잘 가꾸어진 목화밭. 입이 궁금해지면 하나씩 따먹기도 했던 하얀 목화송이, 빨간 산딸기. 산몬당(산꼭대기)에 너른 그늘을 드리우며 서 있던 소나무. 그 그늘 아래 멋진 쉼터로 마련된 반석. 산허리에서 만난 무덤들. 그것들로 하여 일찌감치 짚어본 죽음의 의미….

　산몬당을 넘으면 바로 내리막길이었다. 이제 잠시 후면 우리 마을이 시야에 들어올 테고 그 가운데서 우리 집이 맨 먼저 내 눈에 띄리라. 할머니, 저 왔어요. 할아버지, 저 왔습니다. 나는 그분들께 큰절을 올리고 서둘러 마당 가 우물로 달려가리라. 가서 물부터 한 바가지 떠 마시리라. 사시사철, 아무리 가뭄이 들어도 맑게 고여 있는 샘물. 그 물맛을 어디다 비길 수 있으랴.

　우리 집 샘물. 온 마을 사람들이 약수처럼 소중히 여기면서 물동이를 이고 와 조심조심 떠다 먹던 샘물. 서너 발도 넘는 깊이였지만 퍼내도 퍼내도 마르지 않고 줄곧 솟아나 철철 흘러넘치던 샘물. 흘러넘친 물은 긴 대롱을 타고 다시 한 자 남짓 깊이의 중간 샘을 이루고, 거기서도 흘러 넘쳐 그 밑에 받쳐 놓은 돌확에까지 찰랑찰랑 넘치던 샘물. 맨 윗샘 물은 식수요, 중간 샘은 냉장고, 맨 끝의 돌확은 대야 노릇을 했던 우리 집 샘물.

요즘도 나는 고향에만 가면 모두 떠나버린 빈 집을 지키며 변함없이 흐르고 있는 그 샘물이 탐나, 어떻게 저걸 통째로 옮겨갈 수 없나 하고 망연히 바라보곤 한다.

마당가 텃밭에서 호박, 가지, 오이, 고추 등을 따오면 금세 밥상이 풍성하고, 언니랑 칼국수를 만들어 애호박 푸릇푸릇 채 썰어 띄우면 한 끼 점심이 훌륭했던 고향집. 더러는 그 칼국수를 콩이나 팥 삶은 물에 넣어 끓이면 또 얼마나 맛있었던가.

겨울은 또 겨울대로 운치가 넘쳤었다. 워낙 따뜻한 고장이라 눈이 쌓이는 일은 드물었다. 그러기에 산 고개를 넘는 데 어려움이 없었고, 무엇보다 마당가에 파초나 유자나무를 기를 수 있어 좋았다. 조부님께선 그들 나무를 애지중지, 겨울이면 짚으로 날개를 엮어 돌돌 감아 옷을 입혀 주셨다. 가을이면 유자 열매를 따 몇 알씩 동네 집집에 돌렸는데 그 일은 늘 내가 맡았다. 노오란 유자가 탐스럽고 향기가 하도 좋아 나도 덩달아 그 나무를 사랑했었다.

그런데 그 고향에서 만 3년을 지내는 행운이 내게 왔다.

원래 교직이 희망이었던 나는 졸업하던 해 교사채용시험이 없어 공무원 시험을 보게 되었고, 뜻하지 않던 행정주사보가 되어 고향인 광양군청에서 사회의 첫발을 내디뎠던 것이다. 군수 직속의 공보실에 근무하며 「광양공보」를 발간하고, 각종 식사문을 쓰고, 유선 방송을 통해 군청 제반 사항을 방송하는 등 홍보 업무를 맡았다. 더러는 군수의 지프차를 타고 각 읍면을 돌며 군정을 홍보하기도 했는데, 그런 날이면 고향의 산과 들, 계절 따라 신비롭게 치장하던 대자연의 아름다움에 취하여 이쪽 보랴, 저쪽 보랴, 눈 달음질치느라고 정신이 없었다. 대화를 나눌 사람이 없어 외로웠지만 아름다운 자연이 곁에 있어 항상 정신은 풍요로웠다.

그중에서도 백운산….
백운산, 하고 나니 지금 이 나이에도 가슴이 뛴다. 고로쇠나무에서 나오는 수액을 마시겠다고 많은 사람들이 모여드는 곳이지만, 내게는 고로쇠나무의 약수가 중요한 게 아니었다. 해발 1,200m의 상봉 암자에서 꿈에도 그리던 대화자를 찾고 행복했던 시간. 그러나 하도 별난 만남이라 단 한마디 말도, 단 한 순간의 눈짓도 나누지 못한 채 하룻밤을 꼬박 새우고 산을 내려온 뒤, 새삼 그 아쉬움에 잠 못 이루고 가슴을 앓다가 3년 만에 소설로 형상화한 단편, 「가을, 그리고 산사」.
1968년 1월 『현대문학』에 이 소설이 발표되었을 때 황순원 선생님께서는 말씀하셨다.

"광양 안 있었으면 그렇게 아름다운 소설 못 썼겠지?"

65년, 66년, 두 해에 걸쳐 『현대문학』지에 선생님의 추천을 받았던 「월요 오후에」와 「아집」이 모두 광양 산이고, 그 뒤 발표된 「가을, 그리고 산사」, 「해후」, 「장례비」 등도 그곳을 배경으로 한 소설이니 광양은 의심할 것 없이 내 문학의 온상이다.

그곳에 있으면서 나는 작가 강호무, 주동후 님도 만났으며, 나이 어린 중학생 정채봉, 이균영 씨 등이 열었던 시화전에 나가 고향 누나로서 진심어린 축하와 격려의 박수도 보냈었다. 그들이 현재 우리 문단의 중견이 되었으니 또한 기쁘지 아니하랴.

그러나 정든 고향과 이별의 때가 왔다.

1964년 말, 기다리던 교사채용고시가 있어 응시했고, 1965년 『현대문학』 초회 추천과 동시에 전남여고 교사로 발령을 받아 광양을 떠났다. 선생님 말씀대로 광양 생활이 없었던들 과연 내가 소설을 쓸 수 있었을까?

빛나고 양지 바른 광양光陽.

나에게 '자연'이라는 큰 스승을 모시게 해준 나의 고향 광양.

그곳을 차마 꿈엔들 잊을 리야.　(1993년 10월)

*이 책을 묶기 위해 발표한 원고를 정리하다 보니, 재경 광양 문우들과의 즐거웠던 한 때가 그리움으로 다가온다. 김승옥, 정채봉,

이균영 님과 함께 거의 해마다 광양엘 갔었다. 시장님의 초청으로 후배 문우들과 함께 세미나를 열고, 백운산 자락, 섬진강 가를 거닐며 아름다운 고향의 산천을 예찬했었다. 이제 이균영, 정채봉, 주동후 님이 차례로 떠나 버렸으니…

한편 방금 들어온 소식이 있다. 내 고향 광양의 발전을 위해 애쓰시는, 특히 '문화의 도시'로 가꾸기 위해 심혈을 기울이시는 이성웅 시장님이 이번 지방선거에서 재당선하셨단다. 진심으로 기뻐하며 축하드린다.

(2006년 6월)

느티나무 아래서

　어린 시절 시골 우리 동네 공터에는 커다란 느티나무와 은행나무가 마을 지킴이로 서 있었다. 백년도 넘은 나무들이라고 했다. 특히 느티나무는 사방으로 가지를 벋어 품이 넓었다. 그것은 어린 눈에 온 세상만큼 커 보였다. 여름이면 그 큰 나무가 지어준 그늘에서 마을 사람들이 모여 더위를 식혔다.
　도회지로 나오자 느티나무가 귀했다. 가로수는 대개 플라타너스 또는 버드나무 등이었다. 나는 느티나무나 은행나무가 그리웠다. 서울의 가로수를 느티나무나 은행나무로 바꿀 수는 없을까 하고 희망하였다. 봄도 봄이지만 가을이 시작되면서 느티나무나 은행나무가 나날이 갈아입는 옷 빛깔. 그 아름다움을 어느 누가 따를 수 있으랴.
　그런데 언제부턴가 서울에서도 느티나무나 은행나무를 심게 되었다. 가로수뿐 아니라 아파트 단지 내에서도 수없이 그 나무들을 만나게 되었다.

특히 서울에서 분당으로 들어오는 길, 청계산 입구로부터 성남으로 넘어가는 내곡동 넓은 길에는 양쪽 가로수뿐 아니라 중앙선의 경계까지 느티나무로 이루어졌다. 처음 그 길을 확장할 때, 어린 느티나무가 심겨지는 것을 보고 얼마나 기뻐했던가. 나의 간절한 바람이 이심전심으로 전달된 것 같아 신이 났었다. 이제 십년이 넘으니 그 나무들도 제법 일가를 이루어 넓은 품을 벌리고 서 있다. 쭉 벋은 길에 도열하듯 서 있는 느티나무들… 볼 때마다 탄성을 지르게 되는, 참으로 운치 있는 가로수 길이 되었다.

내가 사는 분당 곳곳에도 느티나무와 은행나무가 가로수로 서 있다. 봄이면 봄대로, 여름이면 여름대로 그 가로수들은 산책을 즐기는 나에게 절친한 길동무가 되어 주고 있다. 그중에서도 우리 아파트 앞, 조금 높직이 마을 지킴이로 서 있는 느티나무!

나는 그 나무를 제일 사랑한다. 이곳은 본래 나지막한 동산이었다고 한다. 신도시를 조성하면서 조금씩 산을 깎고 터를 다듬었지만 이 나무만은 그대로 살렸다는 것이다. 워낙 오래되고 잘생긴 고목이라 정령精靈을 느꼈음인지 함부로 베어버릴 수가 없었던 모양이다.

십수 년 전 반포에 살 때, 서초동 법원 앞 네 거리에 오래된 향나무를 그대로 살려 둔 것에도 크게 감사했는데 이곳에서도 이 느티나무를 그대로 살려 두어 정말 고마웠다. 한 백년은 좋이 넘었을 듯, 내 아름 몇 번을 거듭해야 안을 만큼 굵은 둥치에 곁가지가 여럿 벋어 참으로 훤칠하게 잘 자란 나무다.

  나는 그 나무를 볼 때마다 어린 시절 고향 마을을 생각하고, 큰 울안에 함께 모여 살던 우리 집 대가족을 생각한다. 우리 조부모님 슬하에는 다섯 형제가 있었는데 막내 삼촌네만 대처로 나갔고, 네 형제는 그곳 한 울안에 도리도리 집을 지어 따로따로 살고 있었다.
  우리가 제일 큰집이라서 조부모님과 함께 살고, 둘째 셋째 넷째 숙부모님들은 아침마다 조부모님께 문안 차 건너왔다. 물론 손자들도 자주 큰집으로 건너와서 함께 놀았다. 조부님 밑으로 친손자만도 서른이 넘었다. 그 많은 가족들이 명절 때면 다 함께 모이고 방학 때도 늘 함께 모였다. 나중에 다들 커서 광주로 서울로 학생이 되어 나갔을 때에도 조부님의 엄명으로 사촌이란 생각 없이 한 형제처럼 오며 가며 지냈다. 어쩌다 볼 일 있어 대처에 나갈 일이 생긴 손자가 그곳에 있는 사촌을 안 찾아보고 왔다가는 조부님께 큰 야단을 맞았다. 아무리 바빠도 형제를 안 보고 오다니 말이 되느냐는 것이었다.
  그렇게 대가족을 챙겨 주시던 조부님 덕분에 우리는 지금도 사촌끼리 오며 가며 잘 지내고 있다. 만날 때마다 조부님 덕담을 되뇌고 감사하면서.

나는 이 마을 지킴이 느티나무 아래를 지날 때마다 머리를 하늘로 치올려 한참을 바라본다. 저 퉁퉁한 몸통은 우리 조부모님, 다음으로 제일 큰 저 가지는 우리 집, 그리고 다음은 둘째, 셋째, 넷째, 다섯째 집. 나도 모르게 어른들께 문안을 드리고 잔가지로 벋은 사촌들에게도 또 조카들에게도 미소를 담아 인사를 건넨다.

가지는 제각기 특징을 가지고 잘 벋어나가 또 새끼 가지를 쳤고, 그 새끼 가지에서 또 새끼 가지가 벋어나 있다. 삼촌이 사촌을, 사촌이 오촌을, 오촌이 또 육촌을… 순식간에 조부님 밑으로 셀 수도 없는 자손이 불어나, 이제 얼굴도 이름도 다 기억할 수 없게 되어 버렸다.

봄이면 새 나뭇잎이 피어나는 그 가지에 아직도 낡은 잎이 붙어 달랑거리기도 한다. 갓난이가 태어나는 집에 파파 할머니도 함께 계시는 모습이 보기에 흐뭇하다. 핵가족 시대에 드물게 만나는 대가족의 아름다움이여….

나뭇잎의 모습 또한 마음에 든다. 갸름하니 날렵한 매무새. 중심부로부터 양쪽으로 골골이 그어진 선은 한 치의 흐트러짐도 없이 곧게 벋어나가 마침내 뾰족뾰족 그림처럼 마무리를 지었다. 날카로운 듯하나 가지런하고 온화한 모습이다.

가을이면 단풍이 드는데, 어떤 것은 노랗게, 어떤 것은 바알갛게, 어떤 것은 주황으로, 어떤 것은 갈색으로, 그리고 어떤 것은 아직도 초록 잎새 그대로.

각양각색의 빛깔로 하늘을 뒤덮고 있는 나뭇잎들을 보고 있으면 여러 분야에서 제 몫을 하고 있는 대가족의 일원이 떠오른다.

오늘도 우리 동네 느티나무 아래서 나뭇가지들을 쳐다보며 그리움에 젖는다.

고향집, 도리도리 한 울안에 대가족이 함께 모여 살았던 그 시절을 생각하면서. (2001년 7월)

대숲, 그 정취 그리워

빛나고 양지 바른 내 고향 광양光陽에는 대숲이 유난히 많았다.

조부모님이 계시던 진월津月 우리 집 뒤에도 마을을 병풍처럼 두른 대밭이 있었다.

나는 방학 때마다 조부모님 계시는 시골집으로 내려갔는데, 광주에서 기차를 타고 순천으로, 다시 순천에서 버스를 타고 진상津上으로, 그리고 마지막에는 한 시간 남짓 걸어서 상재 고개를 넘어 진월까지 갔다. 그때, 멀리서도 한눈에 들어오던 푸우런 대밭. 그것은 나의 희망이었고 목표점이었다. 지친 내 눈에 대밭의 싱그러운 초록빛이 보이면 얼마나 반가웠던가.

옛날에는 어느 마을이고 대밭이 큰 보화였다.

어른들은 대밭도 논이나 밭처럼 정성을 들여 가꾸었다. 이른 봄이 되면, 작년에 떨어진 댓잎 위에 비료를 뿌린 뒤, 지게에 황토흙을 져다가 듬성듬성 골고루 덮어 놓았다. 댓잎은 황토 속에서 잘 썩어 퇴비가 되었을 것이다. 봄이 무르익어 기온이 점차 오르면 여기저기서 죽순이 솟아올랐다. 그냥 두었다간 너무 밴 간격일 터이므로 띄엄띄엄 죽순을 솎아 내는 것도 큰 행사였다. 적당히 남겨둔 죽순에서 햇대가 쑥쑥 자라면 가을을 기다렸다가 묵은 대를 골라 베어 냈다. 햇대를 키우고 묵은 대를 자르고, 비료를 뿌리고 햇대를 키우고….

이런 정성으로 대밭은 사시사철 싱싱한 푸르름을 자랑할 수 있었고, 마을은 병풍처럼 에워싼 그 대밭으로 하여 그윽하고 풍요롭고 운치가 있었다. 대가 어찌나 통통한지, 추운 지방 사람들이 와서 보고 적이 놀라곤 했다. 한 손으로는 어림도 없고, 두 손으로 감싸야 안을 만큼 통통해서 기품이 있고 듬직해 보였다. 오죽하면 사군자에 들었으랴.

그뿐인가. 온통 무성한 댓잎으로 숲을 이루어 태양을 차단한 탓도 있었겠지만, 스스스스 댓잎 부딪치는 소리가 하도 시원스러워 여름이면 바닷가 못지않게 멋진 피서지가 되기도 했었다. 팔월 들어 폭서를 맞으면, 몇 번이나 등물을 끼얹어도 가시지 않던 더위가 대밭에만 들어서면 씻은 듯이 가시기도 해, 아예 대밭 입구에 돗자리를 깔아 쉼터를 마련하고 언니랑 함께 댓잎 스치는 소리를 들으며 책을 읽고 시를 읊기도 했었다.

이토록 애지중지하던 대밭이 어느 날 특별한 손님을 맞이했다.

1964년 1월의 일이다. 내 문학의 아버지 황순원 선생님께서 겨울 방학을 맞아 몇몇 일행과 남도 여행을 하시다가 광양에 들러 하룻밤을 묵어가신 적이 있다. 당시 우편으로 소설 지도를 하시던 선생님께서 나 사는 것이 보고 싶으셨던지 의견을 물어왔고, 나는 기꺼이 그분 일행을 고향으로 모셨던 것이다.

그때, 대밭을 보고 선생님께서 하신 말씀.

"정말 귀한 대숲이다. 나는 그저 영이 이 대나무처럼 푸르고 곧아 주길 바랄 뿐이야."

나는 그 말씀을 40년이 지난 오늘까지도 잊지 않고 있다. 일행에 끼었던 황동규 시인의 탄성도 기억난다. 북녘에서 가냘가냘한 대만 보다가 이렇게 통통한 대를 보니까 옛 선비들이 왜 그렇게 대를 사랑했는지 알 것 같다는 것이었다.

그뿐인가. 겨울에는 어디서 날아왔는지 갈까마귀 떼들이 그곳에 보금자리를 만들었다. 어쩌다 사람들 발길이 대밭에 머물면, 놀란 새들이 후두둑, 후두둑, 날갯짓을 치는데, 큰 병력이 이동하는 군홧발 소리처럼 들리기도 했다. 그게 퍽 인상적이었던지, 시인은 그 후 어떤 산문에 광양 대숲과 갈까마귀 소리를 묘사하기도 했었다.

그러나 무엇보다 대밭을 귀히 여겼던 것은 좀 더 현실적인 이유에서였을 것이다. 당시에는 죽세공이 한창이어서 대처 사람들이 서로 대를 사겠다고 달려들었다. 조부모님이 우리 오 남매의 학비를 수월하게 댈 수 있었던 것도 그 대나무 덕분이 아니었던가 싶다.

게다가 나른한 봄, 죽순은 최고급 먹을거리로 온 가족에게 인기였다. 겉껍질을 벗기고 푸욱 삶으면 온 집안에 향긋하고 싱그러운 대숲 냄새가 났다. 잘 무른 속살을 가닥가닥 찢어 초간장에 찍어 먹으면 그 부드럽고 담백한 맛을 어디다 견주랴. 청요리에도, 생선찌개에도, 된장찌개에도, 어디든 어울려서 그 맛을 좋아하지 않는 사람이 없었다.

그러나 어느 때부턴가 대밭의 인기는 서서히 밀려났다. 아니, 서서히 밀려난 것이 아니라 곤두박질치면서 추락했다는 말이 옳겠다. 비닐 제품이 유행하면서부터 대를 사러 오는 대처 사람들의 발길이 끊어진 것이다. 서로 사겠다고 달려들던 때가 엊그제이련만 하루아침에 대밭 주인이 제발 베어가 달라고 사정을 하기에 이르고 만 것이다. 그것도 옛날 일, 지금은 그나마 아무도 베어 갈 사람이 없으니 누가 대밭을 가꾸랴.

그 튼실하던 대는 이제 찾아볼 수가 없이 되었다. 하나하나, 아프리카 난민처럼 비실비실 볼품없이 되었고, 잎사귀도 누릇누릇 시들었으니, 고향 마을에 들어서는 나를 싱그럽게 반겨주던 그 대밭은 기대할 수 없이 되었다.

그래도 생명이란 끈질긴 것, 여전히 봄이 되면 죽순이 난다. 그 옛날, 햇대를 키우기 위해 적당히 솎아내고 지켜 주었던 죽순은 이제 누구라도 따 가는 사람이 임자다. 곳곳에서 대밭을 갈아엎어 일반 농지를 만든다고 한다. 발 빠른 사람들은 거기다 실익이 있는 감나무나 매실나무를 심는다고 한다.

고향집에 갔다가 거의 방치된 대밭을 보면서 그야말로 격세지감에 젖어 눈시울을 적셨다. 그렇게 정성껏 대밭을 돌보시던 조부모님도 가시고, 더운 여름 댓잎 스치는 소리를 즐기며 함께 시를 읊어대던 언니도 가고, 모든 것은 흘러가고 말았으니.

그렇다. 모든 것은 변한다. 어제의 보물이 내일도 보물인 것은 얼마나 될까, 내일까진 보물이었다 해도 영원히 보물일 것은 또 몇이나 될까. 그러나 내 기억 속에 남아 있는 대숲의 정취는 영원하리라. 쪽 곧은 둥치, 싱그러운 초록 댓잎, 스스스스 댓잎 스치는 소리…

그리고 무엇보다 저 대처럼 곧고 푸르러라 하시던 스승님의 말씀은 영원히 내 가슴에 살아 있으리. (2004년 7월)

내가 만난 서울

내 고향 마을에 '따추리'라는 이름의 기인奇人이 있었다.

그는 마흔이 넘도록 장가를 안 가고 홀어머니와 함께 살고 있었는데, 잔칫집은 물론 초상집까지 다 찾아다니며 음식을 얻어다가 노모를 봉양하는 효자이기도 했다. 기억력이 얼마나 비상한지 어지간한 집 제삿날도 정확히 기억했다가 음식을 얻으러 오곤 해서 모두들 혀를 내둘렀다.

그가 잔치 마당에서 흥을 돋우며 부르는 노래가 몇 있었다. 그중 하나가 「서울 타령」.

"서울 서울 무서운 서울,
돈 한 푼 벌자고 올라간 서울.
거리마다 쓰리꾼이 득시글득시글.

고이 감춘 쌈짓돈 온 데 간 데 없네.

서울 서울 무서운 서울,
백주 네 거리에서도 코 베어가는 서울.
아이고 무서워라, 아이고 무서워.
난 도무지 살 수가 없네."

그런데 1967년, 나는 겁 없이 그 무서운 서울로 입성을 했다. 친구가 서울에서 공직생활을 하는 오빠를 소개한 것이다. 우리 부부는 혼자되신 어머님을 모시고 상도동에 보금자리를 마련했다. 장승배기 지나 숭실대학으로 오르는 길목에 있는 제법 큰 저택의 문간채였다. 비 오는 날이면 우산을 쓴 채 연탄을 갈고, 더운 여름이면 양동이에 물을 길어다 뒤뜰 담벼락 옆에서 등목을 하고, 추운 겨울이면 5~6도까지 내려가는 방안 공기를 견딜 수 없어 석유난로를 피우고 잠을 잤다. 첫 아이를 낳아 기를 때도 그 좁은 방에 난로를 피우고 잤으니, 이불자락이 난로에 붙어 불이라도 났으면 어쩔 뻔했나 지금도 아찔하다.

영하 10도 이하의 날씨가 며칠이고 계속되던 서울. 아침이면 부엌 쪽마루의 걸레가 꽁꽁 얼어 있었고, 거리에 나서면 귀가 에이는 듯 시려 걷기가 힘들었으며, 버스를 기다리고 섰자면 아래윗니가 따닥따닥딱 부딪치며 소리를 내었다.

따뜻한 남쪽 여수, 광주 등지에서 꿈 많은 여고생들과 즐겁게 지내며 행복했던 나는, 직장까지 그만두고 상경하여 언제나 춥고 마음이 허허로웠다. 아침 일찍 직장으로 나가는 그를 바램 할 때면 공연히 눈물이 피잉 돌면서 무작정 어디론가 나가고만 싶었다.

나는 그냥 이렇게 한 남자네 가정에 얽혀 나 아닌 다른 사람을 위해 살아야 하는가, 내 안에 꿈틀대는 본연의 나는 어떻게 대접해야 하는가, 참으로 허퉁하고 착잡하던 시절이었다.

시집 올 때 보물처럼 갖고 온 책이며 전축이 아니었으면 그 시절, 그 쓸쓸함을 무엇으로 달랬을까. 나는 그저 온종일 클래식 음악을 틀어놓고 시간만 나면 책을 읽었다. 그런 나의 쓸쓸함을 눈치챈 그는 이따금씩 나를 불러내어 시내 구경을 시켜 주었다. 55번 버스는 나의 다정한 친구. 남대문 시장이며, 남산 언덕, 덕수궁, 경복궁… 다리 아픈 줄도 모르고 걸어 다니다 보면 조금씩 생기가 돌곤 했었다.

따추리 아저씨가 말하던 그 무서운 서울은, 점점 정다운 서울이 되어 갔다. 제일 좋았던 것은 문화 예술에 직접 접할 기회가 많다는 것. 말로만 듣던 한동일의 피아노 연주도 직접 보고, 마리아 칼라스며 스테파노의 가슴 저린 노래들도 직접 들을 수 있어 얼마나 행복했던지. 가난한 살림살이, 다른 것은 아껴도 음악회 표는 도저히 사양할 수가 없었다.

그렇게 서울 생활에 차츰 익숙해지면서 나는 어느새 세 아이의 엄마가 되었다.

그리고 막내가 기저귀를 걷을 무렵, 나는 교직이 그리워 아침마다 신문 광고를 기웃거리다 다이아몬드처럼 빛나는 교사 채용 광고를 발견하고, 그 추운 겨울날 3차까지의 시험을 거쳐 복직을 했다. 멀리 시흥동에 동일여자고등학교가 신설되면서 나의 꿈을 이루어 준 것이다.

그 후 아이들이 자라면서 몇 번의 이사를 하고, 내 직장도 중앙대학교 부속여고로 옮기면서 마침내 반포에 자리를 잡아 15년 남짓 살았다. 그러다 보니 내 서울 생활의 대부분은 반포와 연결되는 셈이다.

새로 지은 반포 '미주 아파트'는 우리 다섯 식구에게 더없는 천국이었다. 아이들은 가까운 놀이터에 나가 그네 타는 재미에 들떠서, 엘리베이터를 타고 오르내리는 신기함에 들떠서, 옥상에 올라가 넓은 세상을 조망하는 재미에 들떠서, 우르르 몰려다니며 마냥 신이 났고, 나는 단잠의 유혹을 물리치고 연탄 갈러 나가는 괴로움을 벗어난 기쁨에, 팔레스 호텔 앞 긴 둑길이며 한강 둔치에 나가 산책을 즐길 수 있는 기쁨에, 마냥 신이 났다.

국립묘지가 가까운 것도 행운이었다. 아침마다 버스를 타고 그 앞을 지나는데, 계절은 항상 그곳에서부터 변하고 있었다. 야들야들 연초록 잎이 피어나는가 싶으면 어느새 젊음의 절정에 달한 진초록 무성한 나무들, 그리고 마침내 봄꽃보다 더 아름답게 자신을 불태우는 단풍들이 시선을 끌었고, 곧 하얀 눈이 내려 온 가지들이 포근한 설화를 피우면서 한 해를 마무리 짓곤 하는 것이었다.

나는 출퇴근길 차창 밖으로 바라보는 그곳의 자연에 취하여 퇴근이 이른 시험 때는 일부러 그곳을 찾아가기도 했다. 더러는 이름 모를 용사들의 원혼을 달래면서, 더러는 앞서간 장군들, 대통령들의 묘비를 읽으면서 나무들과 한가로이 거닐기를 즐겼다.

어느 핸가는 엄청난 폭설로 차량이 통제되어 반포에서 흑석동까지 걸어서 출근한 일도 있었다. 그날의 그 매섭던 눈보라까지도 지금은 아름다운 추억이 되어 나를 따스하게 감싸준다. 언젠가는 또 비가 너무 와서 팔레스 호텔 앞 둑이 넘칠 것만 같아 가슴 졸이며 잠 못 이루던 밤도 있었다. 지금은 그곳이 모두 아스팔트길이 되고 말았지만.

1992년, 과분하게도 분당 아파트가 당첨되어 25년 서울 생활을 청산하게 되었다.

그러나 내 장년기의 고향 반포. 우리 아이들의 소년기를 품어 준 반포를 어이 잊으랴.

우리 가족은 정든 반포를 떠나온 뒤에도 한동안 함께 자주 들르던 곳이 있었다. 천주교회 반포 성당. 처음 신축할 때부터 인연을 맺어 비가 오나 눈이 오나 15년 세월을 내 집처럼 들락거렸던 성당. 남편 은영배 스테파노가 온갖 봉사생활로 신심을 기르며 삶의 보람과 기쁨을 누렸던 그곳. 그에 비하면 주일 신자에 불과했던 나는, 행여 아이들이 잘못될세라 틈만 나면 찾아가 두 손을 모았던 기도의 장소로서 더욱 친근했던 그곳.

베드로의 배반과 참회를 상기하자며, 십자가 대신 수탉 한 마리를 세워둔 첨탑, 좁은 마당에 조촐히 서 계시는 성모님 상, 제대 뒷벽을 장식했던 새하얀 돌, 어느 것 하나 정들지 않은 것이 있으랴.

반포성당이야말로 지금도 내겐 친정처럼 아늑하고 포근하게 느껴지는 마음의 고향이다. (2001년 11월)

다섯 살 어린이의 기도 2

다섯 살 어린이의 기도

작은 것에서부터

어느 회합 장소에서나 자주 느끼는 일이 있습니다.

사람들은 너무나 겸손해서인지 항상 앞자리부터 채우지 않고 뒷자리부터 앉습니다. 그것도 의자의 가운데를 비워두고 끝에서부터 앉습니다. 늦게 오는 사람들은 빈자리를 찾아 앞으로 가야 하고, 의자 끝에 앉아 있는 사람 때문에 안으로 파고들어가야 합니다. 사람이 앉아 있는데 안으로 파고들어가기는 쉽지 않습니다. 그 경우, 다리만 비켜 주는 사람이 있는가 하면, 얼른 자기가 안으로 들어가며 바깥 자리를 내어 주는 사람도 있습니다.

버스에서도 마찬가지입니다. 창가 자리를 비워두고 통로 쪽으로 앉습니다. 늦게 탄 사람은 가에 앉은 사람의 다리를 피해 안으로 파고들어가야 합니다. 어떤 사람은 짐 보퉁이까지 들고 그 비좁은 자리를 파고들어가기도 합니다. 그가 불편할 걸 모르는지 그냥 앉아 다리만 세워 주는 사람이 있는가 하면, 얼른 안으로 들어가며 바깥 자리를 내어 주는 사람도 있습니다.

　전철에서도 그 비슷한 경우를 보게 됩니다. 저쪽에도 자리가 하나 비어 있고, 이쪽 자기 옆에도 자리가 하나 비어 있는데 다음 정거장에서 두 사람이 들어옵니다. 가족일 경우도 있고, 친구일 경우도 있습니다. 그들은 분명 둘이 함께 앉고 싶어 하겠지요. 그 경우를 눈치 채고, 자기가 얼른 일어나 저쪽 빈자리로 옮겨 앉으면서 두 자리를 만들어 주는 사람이 있는가 하면, 따로 앉는 것을 보고도 모른 체 그냥 있는 사람이 있습니다.

　은행이나 관공서 등 건물 안으로 들어설 때도 자주 느낍니다. 어떤 사람은 뒷사람을 생각해 문을 붙들고 잠시 서 있는 경우가 있는가 하면, 어떤 사람은 밀었던 문을 놓아버려 빠른 속력으로 튕겨 나오는 문 때문에 뒷사람이 당황할 때도 있습니다.

　아파트에서 엘리베이터를 탈 때도 그렇습니다. 뒤에 오는 사람을 보고 잠시 기다리며 열림 단추를 눌러 주는 사람이 있는가 하면, 현관에 누군가 들어서는 것을 보고도 아랑곳없이 그냥 올라가는 사람이 있습니다. 소모되는 전기도 아깝거니와 높은 층까지 올라갔다 내려오려면 시간도 아까운데.

　하찮은 것 같지만 작은 친절이나 배려는 상대를 기쁘게 하고, 더 나아가 그들로 하여금 감사의 마음을 솟구치게 합니다. 거기에 사랑이 깃들어 있기 때문이지요.

  사랑을 실천함에 있어 가장 기본적으로 나타나는 행동은 친절이 아닐까요? 작은 미소, 따뜻한 말 한 마디도 고맙거늘 상대의 입장을 생각하며 수고를 아끼지 않는 배려까지 해 줄 때 감사와 행복을 느끼지 않는 사람이 어디 있을까요.

  남에게서 사랑을 받고 마음이 따뜻해진 사람은 또 다른 사람에게 사랑을 전달하고 싶어질 것입니다. 그런 마음들이 민들레 홀씨처럼 사방으로 번져 나가는 상상을 해 봅니다.

  사랑의 전염! 제발 우리 가운데 나쁜 질병이나 악습의 균은 더디 번지고, 따스한 사랑의 바이러스가, 대보름날 밭두렁을 태우던 불꽃처럼 번져 나갔으면 참 좋겠습니다.

  "작은 희생을 할 수 있는 단 한번의 기회도 놓치지 마십시오. 여기서는 미소로, 저기서는 친절한 말 한 마디로, 항상 가장 작은 일부터 행하십시오." - 리지외의 성녀 소화 테레사

  작은 일에 충실한 사람이 어찌 큰일에 불충실할 수 있겠습니까?

(2006년 2월)

콤무니오 상토룸
- 모든 성인의 통공

조상의 기일을 비롯해서 설이나 추석이 돌아오면 항상 망설여지는 것이 있습니다. 오랜 전통으로 길들여진 조상 제사에 대하여 이대로 좋은가, 아니면 어떤 형식으로든 변화를 거쳐야 하지 않을까, 하는 문제가 그것입니다.

내가 다니는 분당 요한 성당에서는 최근 들어 명절 차례를 미사로 대신하고 있습니다. 정성껏 제물을 차려 놓고, 원하는 사람은 술도 따를 수 있도록 배려해 주고 있지요.

그런데도 선뜻 발길이 닿지 않아 여전히 집에서 차례를 지내고 있습니다. 그동안 차례에 참석했던 작은댁 식구들도 일가가 번성했고, 잦은 외국 나들이로 때 맞춰 오지도 못하는데, 40여 년 길들여진 가풍을 바꾸기란 이렇게도 어려운 것일까요. 젊은 아이들은 아버지도 안 계시는데 나이 든 엄마 혼자서 애쓰는 모습이 안타깝다고 제발 미사로 대신하자고 합니다. 아닌 게 아니라 제사나 차례는 가족들이 다 모이는 데 의의가 있는 것이겠지요.

제사 때마다 신앙의 조상들, 천주학쟁이라고 핍박당하다가 순교하신 분들을 생각해 봅니다.

물론 정치적인 문제가 더 컸지만, 드러내 놓고 표적을 삼았던 것은 제사 문제가 아니었던가요. 그것은 오랜 전통 문화에 맞추어 신앙을 받아들이지 못한 데서 온 비극이었지요. 그러나 그분들은 오직 창조주 하느님의 존재를 믿고 흔들림 없이 장엄한 죽음을 맞았습니다. 그리고 그 피의 대가로 지금은 천상지복의 영광을 누리고 계실 테니 얼마나 다행인가요. 더구나 그런 수난이 있었기에 교회는 뒤늦게나마 민족 전통을 존중하여 제사를 허용한 것이 아닐까요.

제사란 조상을 신으로 모시는 미신이 아니라 조상에 대한 효도를 바치는 것이고, 조상들을 천국에 들 수 있도록 하느님께 기도드리는 것이니 아무 문제가 없다는 결론에 이르렀던 것이지요.

나는 그동안 교회가 마련해 준 구체적 절차를 따라 조상 제사를 잘 모셔 왔습니다. 지방을 쓰는 대신 영정을 모시고, 효를 드리는 마음으로 큰절도 하고, 천상영복을 허락해 주시라고 기도드리며 말씀 낭독도 하고, 성가도 부르며 잘 모셔 왔습니다.

그런데 앞으로는 바쁜 현대인들이, 제수를 장만하는 데 얼마나 정성을 드릴지, 정성은커녕 툴툴거리지나 않을지 걱정이 됩니다.

요즘은 식혜며 부침 등도 돈으로 사 버리고, 심지어 가족 여행을 떠나 현지에서 맞춤 상을 구입해 차례를 지내기도 한다니 그럴 바에야 성당에 나가 사제와 함께, 또 여러 교우와 함께 기도하며 미사를 드리는 게 낫지 않을까 싶습니다.

그런저런 생각을 하다 보면 아들 대에 넘기기 전, 우리 대에서 이 문제를 해결해야 하리라는 생각이 강하게 듭니다. 나는 이번 설날은 놓쳤지만, 오는 추석에는 성당에 나가 미사로써 차례를 드리기로 결심했습니다. 그리고 그 결심이 스르르 사라져 버릴까 봐 이 글을 남깁니다.

내가 그런 결심을 하게 된 것은 '콤무니오 상토룸Communio Sanctorum', 즉 모든 성인들의 통공을 배우고 믿게 되었기 때문입니다. 성인들만이 아니라 우리 신자들이 합심하여 기도드리면 서로에게 큰 힘이 된다는 교회의 가르침. 그것은 지상 교회만이 아니라 연옥 교회, 천상 교회 식구들이 모두 얽혀 서로의 공로를 주고받을 수 있다는 것이니 얼마나 멋지고 폭넓은 사랑의 나눔인가요. 이 통공을 믿게 되자 제사를 미사로 대신하는 것에 아무런 거부감이 없게 되었습니다. 나 혼자 쓸쓸히 지내는 제사보다 많은 교우들과 함께 드리는 미사가 훨씬 더 풍요롭고 거룩할 것임을 믿어 의심치 않습니다. 세상에 미사보다 더 거룩한 제사가 어디 있다고!

(2006년 2월)

나의 탈렌트는?

최근, 대학 입시생을 둔 후배한테서 몇 차례 전화가 오고, 메일이 들어왔습니다.

너무나 믿고 있던 아들이 점수가 잘 나오지 않아 부모의 기대를 버리고, 학교를 낮추어 자기가 원하는 분야로 전공을 바꾸는 바람에 마음을 많이 다쳤다는 것입니다.

그 심정이 이해가 되어 함께 아파하며 들어 주었습니다. 그러나 감히 말하고 싶군요. 한 해쯤 재수를 하는 것도, 전공을 바꾸는 것도, 지나 놓고 보면 아무것도 아니라는 것을.

내가 교직에 있을 때, 공부를 참 잘하던 제자 하나가 실전에서 실력을 발휘하지 못해 눈물을 머금고 후기 대학에 갔습니다. 그런데 거기서 두각을 나타내 학교 측의 배려로 유학을 마치고, 지금은 모교의 교수로 봉직하고 있습니다. 같은 해 일류 대학에 진학한 제자는 데모 대열에 앞장서 몸을 다치고 학업을 중도에 포기하고 말았습니다. 인생사 새옹지마, 긴긴 인생에서 어떤 길이 더 좋은 것인지 우리는 모릅니다.

　부모는 자기 자녀가 특별하기를 바랍니다. 그런데 그 '특별함'을 남보다 우월한 것이라고 착각할 때가 많습니다. 우리 아이는 영어 수학도 잘해야 하고, 운동도 잘해야 하고, 예술 감각도 뛰어나서 그야말로 남보다 우월해야 직성이 풀립니다.

　하느님께서도 자녀에 대한 욕심이 많으셨던지, 우리를 특별하게 만드셨습니다. 한 사람, 한 사람, 소중한 존재로 여기면서 무언가 한 가지씩 탈렌트를 얹어 아주 특별하게 만드셨습니다. 그런데 우리처럼 자녀가 모든 걸 잘해서 두루두루 우월한 존재가 되기를 바라신 게 아닌, 어떤 한 가지 탈렌트에 힘을 실어 그 분야에서 특별하도록 만들어 주셨습니다.

　그렇습니다. 특별이란 남보다 우월한 것이 아니라, 남과 다른 나만의 것, 남은 못하는데 나는 할 수 있는 것, 참으로 사랑이신 하느님이 나만을 위해서 주신 탈렌트를 잘 써서 다른 사람과 차별을 이루는 것입니다. 그러니 자녀를 남과 비교할 일이 아니라, 내 자녀가 특별히 잘하는 것이 무엇인지를 알아채야 할 것입니다. 그건 부모보다 본인이 더 잘 알아챌 수도 있고 친구들이, 또는 선생님이 잘 알아챌 수도 있습니다. 그 길을 자녀가 원한다면 부모는 밀어

주어야 하지 않을까요. 바로 그 탤렌트를 살릴 때 그 자녀는 없어서는 안 될 존재, 참 소중한 존재가 되고, 그런 존재가 되었을 때 그들은 행복하게 신바람 나는 삶을 살 것입니다.

만일 나에게는, 또 내 자식에게는 아무 탤렌트가 없다, 라고 말하는 사람이 있다면 그건 자신을 속이고 하느님을 속이는 일입니다.

혹시 인내를 가지고 남의 이야기를 잘 들어 주는 탤렌트는 어떤가요. 어떤 말에도 토 달지 않고 함께 아파하며 끝까지 들어만 주는 경우 말입니다. 아무것도 아닌 듯한 그 일이, 고독한 현대인들에게 얼마나 필요하고 고마운 일인지 짐작할 수 있을 것입니다. 그야말로 완전히 수동적인 그 일도 그렇거늘, 능동적인 다른 일들이야 말해 무엇 하겠습니까.

부모의 도리 중 중요한 것 하나가 자녀의 탤렌트를 잘 찾아 발휘할 수 있도록 도와주는 것이 아닐까요. (2006년 2월)

남편을 왕으로 모시면

최근 들어 교회는 '아름다운 가정'을 위해 온 힘을 모으고 있습니다.

선진국의 병폐이던 이혼이 마침내 우리나라에까지 번져, 한 부모 가정, 조손 가정, 소년소녀 가장 가정, 옛날에는 듣지도 못하던 용어가 낯설지 않게 들립니다. 그래도 그런 가정 아이들은 반쪽 사랑이나마 받고 자라니 다행이지만 버려진 아이들은 어떻게 될까요. 바른 인간으로 자라는 데 최고 영양소인 '사랑'을 먹지 못했으니, 훗날 어른이 되어서도 이런저런 고통 속에 방황하게 되지나 않을까 걱정이 됩니다. 제발 이것이 나의 기우이기를!

그런데 어떻게 하면 이 모든 것을 예방할 '아름다운 가정'을 이룰 수 있을까요.

나는 이 시점에서 그리스도인이 지켜야 할 금과옥조를 생각해 봅니다. 사랑, 나눔, 섬김, 회개. 겸손... 많은 단어가 떠오릅니다. 그 중에서 겸손을 가장 잘 실천할 수 있는 단어는 '섬김'이 아닐까요?

나는 남편을 왕으로 모시자고 제안해 봅니다. 우리가 주님을 '세상의 큰 왕'으로 모시고 섬기듯이 가장 작은 공동체 안에서도 섬김의 대상으로 작은 왕이 있어야 할 것입니다. 나의 이 제안을 듣고 어디선가 젊은 여성들이 외치는 소리가 들립니다.

'아내가 왕이 되면 안 됩니까?'

나는 대답하고 싶네요.

'책임 많은 왕보다는 왕비가 어떻습니까? 남편을 왕으로 모시면 당신은 왕비가 됩니다. 부정한 것만 아니라면 모든 일 남편에게 순종하는 아내, 남편의 잘못을 알면 자존심 상하지 않게 조용히 타일러 주는 아내, 남편의 좋은 점을 찾아 칭찬하면서 기를 살리고, 자녀들로 하여금 존경심을 자아내게 하는 아내, 부부 싸움 뒤에는 모성 본능을 발휘하여 먼저 화해를 청하는 아내, 시댁 일에 남편보다 선수를 쳐서 남편을 감동시키는 아내…. 그런 아내라면 아무리 사나운 남편이라도 어찌 고마워하고 존경하지 않겠습니까? 그런 아내는 당연히 왕비로 대접 받을 것입니다. 물론 남편이 아내에게 신뢰와 사랑을 주는 것이 우선이겠지만, 설사 부족한 남편이라 하더라도 아내의 진심 앞에서는 감동하고 자기 또한 아내를 섬기려 들지 않을까요?'

"말씀에 순종하지 않는 남편들도 아내인 여러분의 말 없는 처신으로 감화를 받게 하십시오"(1베드 3,1).

최근에 내가 본 두 가정이 있습니다.

어떤 남편이 시골에서 혼자 사는 어머니를 뵈러 갔다가 너무 낡은 세탁기를 보고, 조그마한 걸로 한 대 바꾸어 드리고 왔습니다. 그걸 알게 된 아내는 왜 자기한테 말하지 않았느냐며 토라집니다. 작은 불씨는 그동안 섭섭했던 것으로 부풀리고 부풀려져서 이혼이란 말이 나올 정도의 큰 불로 번졌습니다. 그네도 친정 부모에게 남편 몰래 효도를 한 적이 있건만!

또 다른 한 가정의 이야기입니다.

어느 날, 아내가 남편의 호주머니에서 온라인 영수증을 발견했습니다. 수신인은 혼자된 누님이었고, 슬슬 캐물어 보니 조카의 등록금을 보탠 것이었습니다. 아내는 남편이 야속했지만 곰곰 생각해 보니 그 마음이 이해가 되었습니다. 아내는 풀 죽은 남편에게 참 잘했다며 기를 살려 주고, 다음 학기에는 자기가 먼저 조카 등록금을 챙겼습니다.

우리는, 그리고 우리 딸들은, 어떤 아내가 되어야 할까요? 한번만 뒤집어 생각하면 됩니다. 아들이 결혼했을 때, 그 며느리가 자기 아들을 어떻게 대접하기를 바라는지? 그 섬김의 모습을 바로 지금, 우리가 먼저 보이면 되지 않겠습니까? 우리 딸들이 보는 앞에서 말입니다.

 그리고 남편들이여, 제발 부탁드립니다. 부디 아내에게 신뢰를 잃지 말아 주소서. (2006년 2월)

시간의 나눔

　내가 가진 무엇인가를 나눌 수 있다는 것은 큰 축복이라고 생각합니다.
　잔뜩 가지고 있으면서도 나누고자 하는 마음이 없으면 무슨 소용이 있겠습니까?
　나는 가난하여 나눌 것이 없다고 생각하는 사람이 있습니다. 그러나 그에게 따뜻한 마음만 있다면 왜 나눌 것이 없겠습니까?
　이웃이 고통 중에 있을 때 전화 한 통으로 위로의 말을 나누고, 편지 한 장으로 힘과 용기를 나누고, 이른 아침 산책길에서 만난 노인에게 미소를, 엘리베이터 안에서 만난 이웃 간에 목례를… 마음만 먹으면 나눌 것은 너무나 많습니다.
　사실 물질적인 나눔보다 마음을 나누고 시간을 나눔이 더 귀할 경우가 많습니다.

나는 지난 30여 년, 여자고등학교 교사 생활을 돌이켜 볼 때 지식의 전달 못지않게, 상담 교사로서의 역할에 큰 보람을 느낍니다. 그것은 바로 마음과 시간의 나눔이었으니까요.

열여덟 여고생들은 그들 나이에 걸맞게 이런저런 고민이 많았습니다. 나는 그들이 울며 하소연하는 말을 진지하게 들어만 주면 되었습니다. 간혹 고개를 끄덕이며 그들이 아파하는 마음에 동조만 하면 되었습니다. 어쩌다 참고가 되도록 한마디씩 건네긴 하지만, 그들이 진정으로 원하는 것은 자기에게 시간을 나누어 줄 어떤 사람, 자기 하소연을 들어 줄 그 어떤 사람의 존재인지도 모릅니다. 설사 자기가 잘못을 저질렀다 하더라도 나무라지 않고 끝까지 들어 줄 사람, 다 듣고 난 뒤에야 진정으로 자기를 이해하고 한마디 위로와 격려를 줄 사람, 그들은 그런 사람이 필요했고, 그런 사람과 함께 있을 시간이 필요했던 것인지도 모릅니다.

나는 그런 그들의 마음을 짐작할 수 있었기에 해거름이 되어도 일어 설 수가 없었습니다. 집에서 나를 기다릴 아이들 생각에 마음이 조급해지긴 했지만, 매양 있는 일이 아니므로 인내를 가지고 들어주곤 하였습니다. 그러다 보면 할 말을 어느 정도 다 털어 놓은 그들이 눈물을 닦으며 마무리를 짓고 고맙다며 씽긋 웃고 돌아가는 것이었습니다. 그 순간 나는 보람을 느끼게 되지요.

우리는 남의 말을 얼마나 진지하게 듣고 있을까요?

요즘은 모두들 개성이 뚜렷해서, 남의 말을 듣기보다는 자기 말을 하고자 합니다. 그 중에서도 특별히 말 잘하는 사람은 어느 모임에서나 대화의 중심에 서게 됩니다. 잘난 사람일수록 화제의 주도권을 잡고 자기 목소리를 더 크게 더 높이 내고 있습니다. 동석한 사람들이 돌아가며 한 마디씩 할 수 있도록 기회를 주는 것도 아름다운 배려이겠건만.

가정에서도 마찬가지입니다. 부부간에도, 부모 자식 간에도, 형제간에도, 대화의 창을 열어 놓고 시작은 하지만 자칫 일방통행이 되곤 합니다. 어쩌다 속상한 일이 있어 남편에게, 부모에게 하소연하려고 시작하면, 왜 그렇게 바보 같은 짓을 했느냐고 야단만 칩니다. 말을 꺼냈다가 위로 받기는커녕 더욱 외로워집니다.

끝까지 진지하게 남의 말을 들어 주는 것도 훌륭한 나눔이 아닐런지요.

하긴 그런 분이 딱 한 분 계십니다. 그래서 우리는 기도가 필요하고, 묵상이 필요한 것인지도 모르겠습니다. 바로 우리들의 아빠, 아버지, 영원한 침묵의 하느님! (2003년 12월)

주님 보시기엔 누가 더?

지난 가을 어느 일요일의 일입니다.

11시 미사에 대어가기 위해 막 집을 나서는데 엘리베이터 안에서 위층 할머니를 만났습니다. 다리가 성치 않아 늘 절룩거리는 분이었지요. 비까지 내리는데 어디를 가시려는지 이것저것 담긴 쇼핑백 하나를 들고 계셨습니다.

"아니, 어디 가시게요?"

"오늘 휴일이라 아들 며느리 편히 쉬라고 비켜 주려구요."

"아아, 그렇지만 이 비 속에 어디로?"

"며느리랑 함께 살려면 그런 신경도 써야 한다오. 마침 공원에 산책 다니다가 사귄 건넛마을 할머니가 있어서 만나기로 했어요. 거기 정자에 앉아서 놀려고…."

노인은 씽긋 웃었습니다. 그분은 맞벌이하는 아들 내외랑 함께 살면서, 날마다 절룩절룩 불편한 다리를 이끌고 유치원 다니는 손자 둘 뒷바라지에 몹시 수고하시는 분입니다. 그런데도 또 휴일이 되면 아들 내외를 위해 마음을 쓰고 있다니 놀라웠습니다.

 사랑은 바로 그런 배려라고 생각합니다. 나보다 남의 입장을 먼저 생각하는 것.

 그런 어머니의 마음을 젊은이들이 알기나 할까요? 비 오는 날, 성치도 않은 다리로 무언가를 챙겨 들고 빗속을 나서는 어머니. 그 노인인들 이런 날, 왜 따뜻한 아랫목이 그립지 않을까요. 휴일 하루라도 어린것들을 제 부모에게 맡겨 놓고 좀 편히 쉬면서, 며느리 손에 한 끼 점심인들 대접받고 싶지 않을까요.

 할머니는 또 말씀 하셨습니다.

 "혼자 사는 노인인데, 안 됐어. 그래서 내가 함께 놀자고 나오라고 했지. 여기 먹을 것 담아 가지고 가니까."

 "아, 네. 양쪽으로 좋은 일을 하시는군요. 비도 오는데, 가까운 노인정으로 가시지."

 "노인정은 70이나 넘어야지, 우리 같은 60대는 어디 발붙일 데도 없다우."

 "그래요?"

 거기까지는 전혀 생각지도 못했던 일입니다. 그러고 보니 노인정에는 머리가 하얀 노인들만 계셨던 것도 같습니다.

 "근데 댁이야말로 비 오는데 어딜 가는 거요?"

"네, 성당에 가려구요."

"아, 그렇구나. 댕겨 오세요."

갈림길에서 노인과 헤어져 걸으며 나는 생각했습니다. 저렇게 아름다운 어머니의 배려가 있는 저 가정은 성가정일 거야. 아들 내외도 분명 어머니의 사랑을 느끼고 있을 거야. 저 할머니를 주님 앞으로 인도해야지.

그런데 문득 궁금해지는 것이 있었습니다.

오늘 하느님께서 우리 두 사람을 내려다보시며 어느 쪽을 더 예쁘게 보셨을까요?

주일이면 습관처럼 교회로 가는 나와 좋은 일을 하기 위해 이것 저것 챙겨 들고 공원으로 가는 그 할머니 중 누구를 더?

(2003년 12월)

다섯 살 어린이의 기도

내겐 존경하는 숙모님이 한 분 계십니다.

아버지 형제 다섯 중 막내 숙부님께 시집와서 어려운 살림을 알뜰히 꾸려 주시고, 슬하에 다섯 남매를 고이 길러 혼인까지 제때에 마침으로써 주위 사람들의 부러움을 사기도 한 분이십니다.

말년에 두 분만 남게 되자, 젊은 날 극심했던 고생을 옛이야기 삼아 여기저기 후원도 하시면서 믿음 생활 열심히 하시는 게 정말 보기 좋았습니다.

이제 숙모님은 혼자가 되셨지만 성당의 노인대학 학생으로 열심히, 그리고 즐겁게 살고 계십니다. 강의를 비롯해, 성경 필사, 암송 등이 아주 유익하고, 아무리 늙었어도 마음은 청춘이라 남녀 어울려 춤추고 노래하는 것도 즐겁다고 하십니다.

그건 그렇고, 우리 아버지 5형제께서는 위대하기도 하시지요.

고모네를 빼고도 같은 성씨의 사촌을 30명이나 남겨 주셨으니 대한민국 인구 증가에 대단한 기여를 하신 셈입니다. 그중 서울 사는 사촌 자매 6명이 오래 전부터 계절 따라 한 번씩 만나고 있는데, 윗대 항렬 중 안팎으로 막내 숙모님 한 분만 유일하게 살아계셔서 모임 때마다 함께 모시고 있습니다.

　우리 중에는 자녀가 대학 입시에 실패한 경우, 남편이 보증을 잘못 서 집이 날아간 경우, 가족의 건강에 이상이 온 경우, 등등 여러 가지 어려움이 끊이지 않아 서로 힘이 되기도 하지만, 하느님 의지하고 참아 내라는 숙모님 말씀에 위로를 받곤 합니다. 숙모님이야말로 고진감래의 산 증인이시니까요.

　그밖에도 숙모님의 이야기는 항상 우리를 즐겁게 합니다.

　정신대 잡혀가는 게 무서워, 혼담이 들어오자 얼른 결혼해 버렸다는 우리 숙모님. 늘 책을 손에서 놓지 않아 박식하신데다 기억력도 좋고 입담도 좋으신 숙모님의 이야기는 얼마나 싱싱하고 재미있는지 어지간한 영화보다 낫고 소설보다 낫습니다.

　우리에게 공통분모가 되는 조부모님 일화를 들으며 박장대소하고, 아버지 형제 다섯 내외의 에피소드, 즉 자기네 아버지요 어머니 이야기를 산 증인에게 들으면서 웃음을 참지 못합니다. 때로는 슬퍼서 눈물을 찔끔거리다가도 지나간 일이라 다시 우스워 시간 가는 줄도 모르고 깔깔대다가 돌아옵니다. 그야말로 허심탄회, 카타르시스를 충분히 하고 오는 모임이라 할까요.

그런데 얼마 전부터 숙모님 화제가 자꾸 어느 한쪽으로 쏠리고 있어 우리들의 질투를 자아내기 시작했습니다. 30명 사촌 중 맨 끝인 남동생의 막내아들이요, 숙모님의 열한 명 손자 중 맨 끝인 민주 도련님의 이야기가 화제의 중심에서 영 비켜날 줄을 모르게 된 것입니다. 실제로는 만 네 살도 못 되었지만 우리 나이로 올해 다섯 살인 민주. 숙모님이 78세이시니 73세 연하의 남자와 사랑에 빠져도 보통 빠진 게 아니지요.

그저 앉으면 민주 이야기입니다.

이건 우리 앞에서만 그러는 게 아니라 숙모님 가족들 모임, 열한 명 손자 앞에서도 못 말릴 일이라서 그 손자들이 할머니께 별명 하나를 붙여 드렸다고 합니다. '민주교 광신도'.

만 네 살도 못 되어 민주 도령은 교주가 되고, 그 일등 공신은 당연히 우리 숙모님이십니다. 비록 교세 확장은 안 되었어도 일등 공신이 워낙 짱짱하여 교주는 끄떡없답니다. 나머지 열 명의 손자들이 아예 질투할 생각도 못한다니 알 만하지 않습니까?

그런데 그 대단한 교주가 요즈음 할머니를 따라 성당에 다니면서 더 높은 주님을 모시게 되었답니다. 무엇보다 십자고상 앞에서 고사리 손을 모으고 정성되이 기도를 드린답니다.

"우리 할머니 다리 안 아프게 해주세요."

기특도 해라. 숙모님이야 감동, 감동이지만 우리들은 '또 시작이시네' 야유만 했습니다.

그런데 말입니다. 엊그제는 그 꼬마가 아주 정성껏, 눈을 꼬옥 감고 두 손을 모두어 새로운 기도 말로 우리 숙모님을 더 크게 감동시켰답니다.

"예수님. 그만 내려오세요. 팔 아프시지 않아요? 이제 그만 죽으세요. 예수님!"

만 네 살의 어린이가 가장 천진한 마음에서 주님께 간절히 올린 기도의 말.
숙모님이 그 기도의 말을 전할 때, 그토록 깔깔대던 우리는 숙연해지고 말았지요.
그렇습니다. 오늘도 얼마나 많은 사람들이 십자가상의 주님께 거듭거듭 못을 박고 있을까요.
아아, 우리가 지금부터라도 예수님을 그만 죽일 수만 있다면!

(2004년 10월)

먼저 가서 화해하고

"오래될수록 값진 것 세 가지를 들라면 친구, 책, 술이라 말하겠다."

옛날 어디선가 읽고 마음에 들어 오늘까지 간직한 구절입니다. 그중에서 가장 공감되는 것 하나를 택하라면 역시 '친구'가 아닐까요?

나는 그런 면에서 큰 행복을 느끼며 주님께 감사드립니다.

초등학교 시절 가까이 지내던 친구를 중년에 다시 만나 더욱 절친해졌고, 중·고등학교 때부터 지금까지 우정을 지속하며 마음 터놓고 지내는 친구도 서넛은 됩니다.

엊그제는 가까이 지내는 여고 동창이 광주에서 올라와 이곳 친구들과 함께 즐거운 시간을 보냈습니다. 광주여고 7회인 우리 동창 중에는 졸업 후 독일에 가서 수녀가 되어 온 친구도 둘이나 있는데 그날 그중 하나인 최향선 수녀님도 함께 있었습니다. 우리는 선생님들 이야기, 친구들 이야기, 소풍 갔던 이야기, 두서없이 마구 지껄이면서 오랜만에 십대의 순수를 만끽해 보았습니다.

그런데 갑자기 최 수녀님이 중학교 시절 한 친구의 안부를 물었습니다. 모두들 잘 모르겠다고 했지요. 그 옛날 친구 이름을 기억하며 안부를 물을 땐, 퍽 가까운 사이였나 보다, 하고 생각하는데 수녀님이 조금 수줍게 웃으며 그러나 진지하게 말하는 것이었습니다.

"나 그 친구한테 잘못한 일이 있거든. 더 늦기 전에 용서를 받아야 하는데…"

의외의 말에 우리는 서로 진지하게 얼굴을 마주보았지요. 40년도 넘은 그 어린 시절에 잘못을 했다면 뭐 그리 큰 잘못이었을까만, 그것을 아직도 기억하면서 용서를 받기 위해 만나고 싶어 하는 수녀 친구의 마음이 어찌나 아름답게 느껴지던지 가슴이 아릿해 왔습니다.

그와 동시에 나도 초등학교 시절의 한 친구가 떠올랐습니다. 우리는 한 동네에 살면서 학교 갈 때나 집에 올 때 늘 붙어 다녔지요. 그런데 언제부턴가 둘이 토라져서 남 보듯 하며 말을 안 하고 지내게 된 것입니다.

그러다가 각기 다른 중학교에 들어가 더 이상 말할 기회도 없어

영영 화해를 못 하고 말았지요. 왜 토라졌는지는 도무지 생각이 안 나도, 그 이름은 아직 잊지 않고 있습니다. 조호자趙好子. 한자의 좋을 '호' 자가 들어 있어 마냥 좋기만 한 이름이라며 다른 이름보다 많이 불러서 기억하기 쉬웠던 것 같습니다. 혹시 그 친구는 우리가 토라진 이유를 기억하고 있을까, 이 글로 인해서 다시 만날 수 있다면 참 좋겠습니다.

어쨌거나 당시 우리에게는 얼마나 큰 사건이었기에 말까지 안 하고 지내게 되었는지, 우리는 학교에서나 동네에서 부딪치기만 하면 고개를 돌렸습니다. 원수는 외나무다리에서 만난다는 속담을 실감한 것도 그때였습니다. 걸핏하면 좁은 길에서도 마주치게 되니 비켜 가는 마음이 오죽 불편했겠습니까? 어서 화해를 해야지, 해야지, 하다가 그걸 못하고 그만 헤어져 각자의 길을 가 버린 것입니다.

나는 그 사건으로 인해 미운 사람을 가지면 내 자신이 더 불편하다는 것을 알게 되었습니다. 그러기에 중학교 시절, 어쩌다 친구에게 미운 마음이 생겨도 그런대로 전과 같이 지내려고 노력했지요. 내게 섭섭한 짓을 한 친구가 생기면 물론 한 며칠은 미웠습니다. 그러나 하루 이틀 시간을 보내며 역지사지로 그쪽의 입장을 헤아려 보면, 그럴 수도 있었겠다는 생각이 차츰 들었지요.

더러는 제삼자가 끼어들어 나쁜 말을 전해 주기 때문에 미운 사람이 생기기도 했습니다. 나를 생각해서 전해준다고는 하나 역시 안 듣는 것만 못했습니다. 그런 때도 나는 직접 듣지 않은 사실은 믿지 않으려 애를 썼습니다. 설사 그런 말을 했다 해도 어쩔 수 없는 상황에서 그 비슷한 말을 한 걸 가지고, 더 보태서 전한 게 아닐까 접어 생각하면서 공연히 미움을 쌓지 않으려고 노력했습니다. 누군가를 미워하는 것은 그 사람보다 내가 더 손해 보는 것임을 알았기 때문이지요. 덕분에 나는 아직껏 특별히 미운 사람, 말도 하기 싫은 사람은 진정으로 없습니다.

그러니 초등학교 시절 그 친구는, 일찌감치 나에게 보배로운 지혜를 가르쳐준 셈입니다.

그 모든 것을 꿰뚫고 계신 우리 주님께선 어제도 오늘도 엄격히 말씀하십니다.

"제단에 예물을 드리려 할 때에 너에게 원한을 품고 있는 형제가 생각나거든 그 예물을 제단 앞에 두고 먼저 그를 찾아가 화해하고 나서 돌아와 예물을 드려라"(마태 5,23-24). (1999년 8월)

필요한 때 용기를 주소서

멀리 일산으로 가는 전철 안에서의 일입니다. 시내에서는 한참을 서서 가야 할 만큼 붐비더니 외곽으로 빠져나가자 자리가 할랑할랑 비기 시작했습니다.

그때였어요. 한 청년이 다리를 몹시 절며 우리 칸으로 들어와, 앉아 있는 사람들에게 종이를 한 장씩 돌렸습니다. 그는 어찌나 심한 장애인지 전철 안의 손잡이를 잡고 한 걸음 한 걸음 걷는데 걸음을 옮길 때마다 온몸이 땅에 주저앉았다가 다시 서고 다시 서고, 하는 것이었습니다. 아주 필사의 힘을 다해 한 걸음씩 옮기는 것 같은 느낌이었지요.

사람들은 그를 힐끗 바라보았을 뿐 반응은 냉랭했습니다. 종이를 받자마자 옆으로 밀어놓는 아저씨, 잠자는 척 눈을 감는 아주머니, 종이 같은 것 관심도 없다는 듯 청년이 놓아준 무릎 위에 그대로 둔 채 계속 대화를 주고받는 그 또래의 대학생들, 종이를 누가 언제 주었는지도 모르고 킬킬거리며 사랑을 속삭이는 젊은 연인들. 아무도 그에게 돈 한 푼 꺼내 줄 생각은 하지 않았습니다. 그러자 전철은 다음 역에 도착했고 사람들이 몇 명 내렸지요. 그들이 앉았던 자리에 구차한 사연의 그 손바닥만한 쪽지를 던져 놓고서.

나는 마음이 아팠습니다. 그의 낙심은 얼마나 클까. 그 쪽지 하나를 돌리는데 그렇게 수고를 하고도 한 푼 수입이 없으니 다시 그것을 거두는 일은 얼마나 맥이 빠질까. 그는 저쪽에서부터 아까처럼 그 힘든 걸음걸이, 온몸이 완전히 땅으로 꺼졌다가 다시 일어서는 것 같은 힘겨운 걸음걸이로 한 장 한 장 그 쪽지를 거두어들이고 있었습니다.

전철을 탈 때면 자주 그런 사람들을 접하게 되는데 사람들은 말합니다. 저런 사람 도와 보았자 모두 자기가 벌어 가는 것도 아니고 왕초에게 다 뺏기는 것이니 도울 필요가 없다고.

정말 그럴까요? 그들 배후에 정말 왕초라는 이가 버티고 있을까요? 만일 그렇다 치더라도 떡을 빼앗아 가면 고물이라도 남겨주지 않을까요? 그런 생각에서 나는 어지간하면 돈을 담아 주고 있습니다. 장애가 확실한 경우, 사연 같은 것은 읽을 필요도 없이 말입니다.

더욱이 오늘의 장애인은 종이쪽지 하나 돌리기 위해 천근의 무게로 온몸을 부렸습니다. 그런데 어찌 무관심할 수 있나요. 나는 아까부터 천 원짜리 지폐 한 장을 꺼내 들고 그를 기다렸습니다. 그런데 갑자기 그의 힘든 걸음걸이가 나를 그냥 있지 못하게 했습니다. 나는 얼른 일어섰지요. 그리고 그의 반대편 쪽에서부터 빈자리에 팽개쳐 둔 쪽지를 얼른얼른 거두었습니다. 사람들이 다 보는 데서 나로서는 큰 용기였지요. 마침내 그가 저쪽 종이를 다 걷고 이쪽으로 오고 있었습니다. 나는 얼른 그에게로 다가가 가지런히 모은 쪽지를 돈과 함께 건네주었습니다.

그가 고맙다고 인사를 했지요. 한 번도 아니고 두어 번 고개를 어찌나 깊이 꺾어 인사를 하는지 오히려 미안할 정도였습니다.

"너희가 내 형제들인 이 작은 이들 가운데 한 사람에게 해준 것이 바로 나에게 해준 것이다"(마태 25,40).

주님!
마음은 있어도 용기가 없어서 못하는 때가 많사옵니다. 저희가 곳곳에 나타나시는 당신의 마음을 아프게 하지 않도록 필요한 때 부디 용기를 주소서. (1999년 4월)

누구를 위한 법인가

성경을 읽고 있자니 생생한 경험 하나가 떠오릅니다.

"....안식일에 좋은 일을 하는 것이 합당하냐? 남을 해치는 일을 하는 것이 합당하냐? 목숨을 구하는 것이 합당하냐? 죽이는 것이 합당하냐?(루가 6, 6-11)"

일하지 않고 쉬어야 하는 안식일에 주님께서 병자를 고쳐 주자, 바리사이들에게는 율법을 어긴 것으로 간주되어 좋은 트집거리가 되었겠지요.

어떤 규칙이나 법이 존재하는 근본적 이유는 무엇일까요. 분명 사람에게 이롭게 하기 위하여, 사람을 살리기 위하여 법을 만들었으련만, 그 법으로 하여 알게 모르게 희생되는 사람은 또 얼마나 많을까요?

저는 여자고등학교에 30여 년 근무하면서 학생 처벌 문제로 고심해 본 경험이 많습니다. 나뭇잎만 굴러도 깔깔대며 웃기 좋아하고, 먼 미래를 향해 장밋빛 꿈에나 젖어 있어야 할 여고 시절, 하지만 그들에게도 어두운 현실은 엄연히 존재하고 그러기에 쾌락으로부터의 유혹은 더욱 강한 것이 아닌가 합니다.

 탈선 학생이 생겼을 때 교칙에는 분명 그 상황에 맞는 엄격한 규칙이 있습니다. 그런데 탈선을 몇 번씩 거듭하여 결국 퇴학을 시켜야 할 경우가 가장 큰 문제입니다. 교사들은 이때 둘로 나뉩니다. 더 이상은 묵과할 수 없다, 그 아이 하나 보아주다가 다른 학생들까지 물들면 그 책임은 누가 지느냐, 그만큼 봐 주었으면 됐다, 이제 교칙대로 하자. 그러나 또 한쪽에서는 그렇게 탈선하는 아이, 학교에서마저 내쫓으면 결국은 어디로 가겠느냐, 갈 곳을 뻔히 알면서도 어떻게 내쫓을 수가 있느냐, 한 번만 더 봐 주자.

 이러다가 마지막엔 학부형을 소환하고, 학생 스스로 자퇴를 하게 해서, 어디 멀리 주소를 옮기고 다른 학교로 전학을 가게 하는 편법을 쓰고 있습니다.

 그런데 한 번은 참으로 난처한 일이 생겼습니다.

 나의 담임 반 학생이 사흘이 멀다 하고 결석, 가출 등을 일삼았습니다. 몇 번씩 합당한 벌을 받았지만 변함이 없었습니다. 어찌나 애를 태우는지, 다른 학생들에게 미칠 악영향 때문에 당장이라도 내쫓고 싶은 심정이었습니다. 하지만 그 학생은 가정 형편상 다른 곳으로 옮길 만한 처지도 못 되었습니다.

상담교사이기도 했던 나는 어떻게든 그 아이를 살려야겠다는 생각뿐이었습니다. 교장 선생님께 간청을 해서 딱 한 번만 더 봐주기로 했습니다. 동료들에게도 눈치가 보였고, 학급 아이들에게도 눈치가 보였습니다. 그래서 더욱 신경이 쓰였습니다. 나는 그 아이가 없을 때 학급 아이들에게 사정을 했습니다. 어려운 가정환경을 이야기 해 주고, 우리가 사람 하나 살려 보자며 특별히 부탁했습니다. 다같이 그 친구를 은밀히 감시도 하고 우정도 나누어 주면서, 그 아이가 도망가지 않도록 최선을 다하자고 했습니다.

가장 수고한 것은 그 어머니이지요. 영세 상인인 어머니는 마지막 기회를 놓칠세라 날마다 딸을 데리고 등·하교를 해야 했습니다. 등교 때는 그럭저럭 괜찮을지 모르지만, 하교 때는 가게 문을 닫고 매일 딸을 데리러 학교로 와야 했으니 그 수고가 오죽했을까요. 담임과 급우들과 어머니의 감시가 계속되었습니다. 그렇듯 아슬아슬한 노력 끝에 그 학생은 조금씩 온전한 사람이 되어 갔고, 마침내 졸업을 하게 되었습니다.

그날, 본인은 물론 그 어머니의 함박꽃 같은 얼굴을 저는 지금껏 잊을 수 없습니다. 그래요. 모든 규칙은 사람을 죽이라는 것이 아니라 살리라는 것입니다, 주님. (2000년 9월)

하느님께 맡긴 생명

　우리 구역 소공동체에는 자랑스러운 교우 한분이 계십니다.
　그분은 연세도 연세지만 말씀이나 표양이 부드럽고 겸손해서 응당 우리들의 맏형님으로 존경받고 있는 레지나 자매입니다. 모임 때마다 서로의 생활 나누기를 잘 이끌어 주시고, 고통 중에 있는 가정을 위해서 기도와 봉사를 아끼지 않는 분입니다. 나아가 우리 반원 전체가 하나 되어 그 가정을 위해 9일기도를 드리도록 이끌어주십니다. 반원들은 그분의 진심어린 사랑에 감동하여 게으름을 피울 수가 없습니다.
　그런데 몇 년 전, 그 레지나 자매님 댁에 큰 고통이 생겼습니다.
　함께 살고 있는 며느리가 마흔이 다 되어 느닷없이 임신을 했습니다. 피임기구로 사용한 루프가 어찌된 일인지 제 구실을 못한 것입니다. 담당의사는 크게 놀라 아기와 루프가 자궁 안에 함께 있는 것을 걱정했습니다. 이 경우 십중팔구 중복 장애인이 나올 확률이 크다는 것입니다. 참으로 단란하던 그 가정에 주님께선 커다란 십자가 하나를 내려 놓으셨습니다.

요즈음은 이상한 풍조가 생겼지요. 초음파라는 현대식 의료기구 때문에 태아의 정상유무를 일찌감치 짐작하고, 의사로서 중절을 권하는 경우가 많아졌습니다. 이 외람된 권고 앞에 생명존중의 갑옷을 굳게 입고 흔들리지 않을 산모가 몇 명이나 될까요. 그들도 예외는 아니었을 것입니다. 아무리 신심 깊은 가정이라 해도 어찌 순간이나마 못된 생각을 품어보지 않았겠습니까? 허지만 그들은 가족회의를 열고 충분히 토론을 한 다음, 신부님을 찾아갔습니다.

신부님의 답이야 뻐언하지요. 단 1퍼센트의 가능성을 포기하지 말고 기도하자. 그리고 설령 장애아가 나온다 해도 주님의 뜻이라면 받아들이자. 주님만을 믿고 끊임없이 기도하자.

그네들은 단단히 결심을 하고 오직 하느님께 매달리기로 했습니다. 레지나 자매님은 매일같이 새벽미사에 나가 기도를 드렸고, 소공동체에서도 모두들 한마음 되어 9일기도를 시작했습니다. 그런 상황 아래서 반원들도 너나없이 가슴을 졸였거늘 그 가족들이야 오죽했을까요. 초음파를 보러 갈 때마다 자궁 안에 아기와 루프가 함께 떠 있는 것을 확인해야 하니 그보다 더한 불안이 어디 있겠습니까?

드디어 산달이 돌아왔고, 며느리는 수술을 받아 아기를 낳게 되었습니다.

아, 그러나 기적이 따로 없었습니다. 건강한 사내아이가 세상을 향해 고고성을 지른 것입니다.

그런데, 그런데 말입니다. 얼마 전부터 초음파 상에 루프가 보이지 않아 이상히 여겼다는데 아기를 꺼내도 그것이 보이지 않았답니다. 기이하게 여긴 의사는 행여나 하고 태반을 갈라 보았더니, 이럴 수가, 바로 태반 안에 그 말썽꾸러기가 얌전히 쪼그리고 앉아 있더라는 것입니다.

오오, 못하실 것이 없으신 우리 하느님!

그 가족의 기쁨이 어떠했을까는 짐작되고도 남습니다. 나는 이따금 그들 가족을 거리에서 만납니다. 아기는 이제 예쁜 나이 세 살이 되어 엄마 손을 잡고, 또는 할머니 손을 잡고 거리를 활보하며 소공동체 식구의 사랑을 독차지하고 있습니다.

이렇게 믿음 좋은 레지나 자매님. 그분이야말로 닮고 싶은 나의 이웃입니다. (2004년 4월)

예쁜 소원들

겨울 방학 중 유학 중인 아들을 보러 미시간주 앤아버에 다녀왔습니다. 유아 세례를 받은 아들은 중학교 때까지만 해도 착실한 신자였는데, 고등학교 때부터 심드렁해지기 시작해 우리 부부의 애를 많이 태웠습니다. 그런 아들이 유학을 가서는 꼬박꼬박 주일 미사에 참례하고 있어 기뻤습니다.

내가 그곳에 갔을 때는 눈이 몹시 내렸지요. 시카고, 디트로이트 일대에 20년 만의 폭설이 내려 교통이 잠시 끊기기도 했었습니다. 하도 눈이 많이 와서 1월 1일 축일 미사는 걸러 볼까 했더니, 오히려 아들이 앞장서서 성당으로 나를 안내했습니다.

그곳 성토마스 성당은 아담해서 강론대를 중심으로 신자들이 둥그렇게 앉아 미사를 볼 수 있었습니다. 가톨릭이야말로 세계 어디서나 함께 미사를 볼 수 있는 장점이 새삼 고맙고 자랑스러웠습니다.

  사제는 머리가 하얗게 센 노신부님이셨는데 목소리가 어찌나 좋은지 감미롭기까지 했습니다. 특히 강론을 하실 때는 제대 앞으로 나와 이리저리 둘러보시고 우리와 눈을 맞추며 마치 대화를 나누듯 말씀하셨습니다. 미사는 곳곳에서 노래로 진행되었는데 노신부님의 노래솜씨가 보통을 넘었고, 내 뒷자리의 아가씨도 더 할 수 없이 맑은 하이 톤으로 아름답게 노래를 불러, 마치 먼 천상의 세계로 우리를 인도하는 것 같았지요. 주님을 찬미하는 데는 음악이 최고라는 생각을 또 한번 확인했습니다.

  성찬 예절 중 몇몇 사람이 제대 앞으로 나가 특별히 신부님 강복을 받고 흩어져 서 있기에 웬일인가 했더니, 성체를 받아 모신 신자들이 그분들 앞으로 다가가 포도주 한 모금씩을 마시는 것이었습니다. 그분들은 하얀 수건으로 유리잔을 계속 닦고 돌리면서 한 사람 한 사람의 입에 잔을 대어 주고 있었지요. 정월 초하루라 특별히 양형 영성체를 해 주시는 것일까요?

  맑고 고운 빛깔로 투명한 유리잔 속에 담겨 내 눈을 달콤하게 해 주던 성혈은 마침내 내 혀끝에 전해지고, 입 안에 모시고 있는 성체를 촉촉이 적시며 내 안에 뜨겁게 스며드는데 나도 모르게 눈물이 솟구쳤습니다.

  "주님, 제가 무엇이기에 이토록 큰 사랑을…."

  그곳 유학생들은 한자리에 모여 성경 공부를 하고 있었습니다.

그들은 전 주일에 다음 공부할 곳을 미리 알려 주고 돌아가면서 사회자를 정해 토론하는 형식으로 진행하고 있었습니다. 그 날의 사회자는 여학생이었고, 주제는 '깨어 있으라. 그 날과 그 시간은 아무도 모른다. 그 때가 언제 올지 모르니 조심해서 항상 깨어 있으라.'는 성경구절.

사회자는 마르코 복음 13장을 돌려가면서 두 번 읽히더니 지금 우리 개인의 종말, 죽음이 눈앞에 다가왔다고 생각하고 무슨 일을 가장 하고 싶은지, 서너 가지씩 기록을 해 보라며 쪽지를 나누어 주었습니다. 이십 대의 싱그러운 젊음들이 갑자기 죽음을 눈앞에 두고 무슨 생각들을 할까, 궁금해집니다. 곧 남녀 학생들이 발표를 했습니다.

조용히 어딘가 피정을 다녀오고 싶어요. 나 자신을 찾고 싶어요.
저도 어서 영세를 받고 영성체를 모시는 기쁨을 맛보고 싶어요.
잘못했던 일 떠올리며 용서를 받고 싶습니다. 그리고 누군가 나를 잊지 않고 오래 기억해 줄 사람을 하나 만들고 싶습니다.
주님께 부끄럽지 않은 삶을 살고, 가족이랑 함께 행복한 죽음을 맞고 싶어요.
부모님께 최선을 다해 효도하고 싶습니다. 누군가를 미워하는 마음을 없애고 싶습니다.
요즈음 같은 혼탁한 세상에서 우리 2세가 잘 자랄 수 있을지 늘 걱정이에요. 그래서 아이를 잘 기르고 싶어요.

　결혼해서 행복한 가정을 이루고 싶습니다. 많은 시간 부모님과 함께 누리고 싶습니다.

　감사하면서 살고 싶습니다. 죽은 후 나의 영혼을 바라보며 '이건 내가 아니야' 하지 않고 '이게 나구나', 라는 생각을 하며 담담하게 말할 수 있기를 바랍니다.

　잘못한 사람들에게 용서를 빌고 싶어요. 그리고 재산이 있다면 절반쯤 기증하고 싶고 장기 기증도 하고 싶어요.

　빨간 스포츠카를 사고 싶습니다.(일동 웃음) 누군가를 진정으로 사랑하고 싶습니다.

　오, 청춘은 아름다워라. 그들의 솔직하고 예쁜 소원을 들으면서 우리 젊은이들이 만리타국에서 주님 말씀 안에 건실히 살고 있음에 참으로 기뻤습니다. 세상이 하도 험악해져서 조국의 미래를 많이 걱정했지만 사실은 바르게 살고 있는 청년들이 더 많다는 생각에 마음이 든든하고 푸근해졌습니다.

　나는 그들을 위하여 온 마음을 모아 기도드렸습니다.

　"주님. 이역만리에서 우리 젊은이들을 보듬어 안고 지켜 주시는 주님, 감사합니다.

　저들이 언어도 다른 이곳에서 잠도 편히 못잘 만큼 과중한 학업 때문에, 또는 인간적 외로움 때문에 많은 어려움을 겪고 있을 줄 압니다.

 저들에게 어떤 경우에도 좌절하지 않고 꿋꿋이 버텨 나갈 수 있는 힘과 지혜를 주소서.

 그리하여 빠른 시일 내에 소망하는 바를 이루어 조국의 동량으로 우뚝 설 수 있는 기회를 허락하소서.

 아울러 노심초사하시는 그들의 부모님들에게도 특별히 건강을 허락하시어 다시 만날 그 날을 예비케 하소서." (1999년 1월)

하늘나라 마당의 입구에서 3

하늘나라 마당의 입구에서

성모 어머님

　몇 년 전 모 출판사로부터 초등학교 저학년 용 동화 한 편을 청탁받은 일이 있습니다. 저는 그동안 소설이나 수필을 써 오면서 언젠가는 동화도 한번 써 보고 싶었던 터라 기꺼이 응낙하고 마감 기일에 맞추어 열심히 썼습니다. 전반부는 산골 마을을 배경으로, 후반부는 서울 도심을 배경으로, '송이'라는 어린이의 꿈과 사랑이 담긴 예쁜 삶을 그려 보았습니다.

　그런데 문제가 생겼습니다. 이야기 속에 나오는 성모님이 일반 독자에게 낯설다며 그 부분을 좀 고쳐줄 수 없겠냐는 것이었습니다. 나는 꼬마 송이가 예수님과 성모님을 알아가는 과정에 비중을 두고 썼기 때문에 도저히 그럴 수는 없다 하고 원고를 찾아왔습니다. 전화위복이랄까요. 교회 계통의 출판사 〈동이〉에서 기꺼이 그 원고를 받아 작년에 『배꽃 마을에서 온 송이』라는 예쁜 동화집을 탄생시켜 주었습니다.

저는 그 때 생각했습니다. 부처님이 나오는 동화는 아무 거부감 없이 일반 독자에게 다가가는데 왜 성모님은 안 되는가.

글쎄요. 제 생각에는 초기 개신교 측에서 유난히 성모님을 거부해온 탓이 아니었나 싶습니다. 그들은 천주교를 '마리아교'라고까지 말하면서, 가톨릭교회는 예수님을 믿는 게 아니라 마리아를 믿는다고 억지를 부리기도 했습니다. 우리는 지존하신 하느님께는 흠숭을 드리고, 성모님께는 공경을 드리는 것이라고 아무리 설명을 해도 막무가내입니다. 효도를 제일로 알았던 우리 백의민족이, 우리의 주님, 예수님의 어머님을 공경하는 것을 왜 못마땅해 하는지 알다가도 모를 일입니다.

어머니… 듣기만 해도 눈물나는 이름. 그 이름처럼 다정하고, 감미롭고, 자애로운 이름이 이 세상 어디에 또 있을까요. 사람들은 기쁜 일이나 슬픈 일이 생기면, 맨 먼저 어머니에게 알리고자 합니다. 어려운 시험에 합격한 사람, 애타게 기다리던 취직 통지를 받은 사람, 피땀 흘려 싸워서 승리의 월계관을 쓴 운동선수, 그들에게 마이크를 대면 한결같이, 그 기쁨을 맨 먼저 어머니에게 알리고 싶다고 합니다.

어린 시절, 앓아누웠을 때는 어떻습니까? 어머니가 손만 잡아주어도, 아니 머리맡에 앉아 계시기만 해도 견딜 수 있었지요. 그러나 그 좋은 어머니를 일찍 여의고 기쁜 일, 슬픈 일이 생겨도 마땅히 불러 볼 이름도 없는 외로운 사람들이 이 세상 곳곳에 수없이 존재하고 있습니다. 그러기에 성모님이야말로 어머니를 일찍 여읜 많은 사람들에게 얼마나 큰 위로를 주시는 분인지요.

저는 6,25 동란 때 공산군의 손에 아버지를 빼앗기고, 그 화로병을 얻은 어머니가 3년 후 연이어 돌아가시는 바람에 조부모님 밑에서 자랐습니다. 그분들이 저희 5남매를 위해 최선을 다해 주셨고, 언니 오빠들이 막내인 저를 위해 넘치는 사랑을 부어주었건만 왜 그렇게도 어머니가 그립던지요.

제가 대학 졸업 직후, 제 발로 걸어가 천주교에 입교한 것은 성당 마당에 아름다운 석상으로 서서 저를 반겨주시는 성모님, 그 자애로운 모습에서 어머니의 사랑을 느꼈기 때문이 아닌가 합니다.

밤늦게 돌아오는 자식을 기다리며 잠 못 이루다가, 어렴풋이 들리는 발자국 소리에 발 벗고 뛰어 나오는 어머니들처럼, 성모님은 그렇게 성당 마당에 맨발로 서서 제 방황하는 영혼을 붙들어 주셨지요.

저는 오래 전부터, 현관에서 바라보면 첫눈에 보일 수 있는 자리에 성모상을 모셨습니다. 그리고 외출을 할 때나 외출에서 돌아왔을 때 자연스레 인사를 드리고 있습니다. 그분은 분명 우리들의 어머니이시니 좋은 일이 있을 땐 기뻐해 주시라고, 슬픈 일이 있을 땐 위로해 주시라고, 응석을 떨곤 합니다. 기쁨도 슬픔도 오롯이 그분께 봉헌하고 나면 저희 마음에 넘치도록 평화를 담아 주시는 성모님.

　그 좋은 분을 일반인들이 몰라주는 게 너무나 아쉽습니다.

　저는 특히 묵주 기도를 좋아합니다. 그 기도가 모두 성모님과 연관된 까닭입니다. 한 자녀가 올바르게 성장해서 사회에 공헌하는 일꾼이 될 때까지 그 어머니들의 묵주 기도가 몇 만 단이었을까요.

　공경하올 성모 어머님, 늙어 병들거나 치매에 걸려 자식을 괴롭힐 염려도 없이, 영원한 젊음을 지니고 저희를 지켜 주시는 어머님, 감사합니다. （2006년 5월）

미리 드리는 감사기도

이따금 간절한 지향을 두고 묵주의 9일 기도를 드립니다. 처음에는 그냥 묵주만 들고 중얼중얼 기도하던 제가 촛불을 켜고 정성을 다해 9일 기도를 시작한 것은 아이들이 고등학생 때, 그러니까 대학 입시를 앞두고서였습니다. 새벽 다섯 시부터 일어나 가족들 식사 준비하랴, 도시락 싸랴, 정신없이 바쁘던 시절이었습니다.

1980년대 학교 급식은커녕 직원 식당도 없었으니 내 것은 물론, 아이들 저녁밥까지 두 개씩을 싸다 보면 하루 6개를 싸는 게 보통이었습니다. 아침 시간은 1분이 황금이었습니다. 가족들 밥상을 차려주고, 한술 뜨는 둥 마는 둥 출근을 서둘렀지요.

7시 20분부터 아침 보충 수업을 시작으로, 정규 수업에 이어 저녁 보충 수업까지, 하루 예닐곱 시간씩 수업을 하고 집에 오면, 몸은 녹초가 되어 눕고만 싶었습니다.

그러나 또 가족들 저녁식사를 책임져야 하고, 내일 아침 도시락 찬거리를 대충 준비하다 보면 아무리 서둘러도 10시가 넘어야 방에 들어갔습니다.

아, 그만 자리에 들어 쉬고 싶던 그 시간, 그러나 또 한 가지 일을 결코 생략할 수 없었습니다. 그때부터가 제 기도 시간이었으니까요. 저는 촛불을 밝혀 놓고 간절히 기도를 시작합니다.

그런데 묵주를 들고 얼마쯤 돌리다 보면 졸음이 옵니다. 비몽사몽, 아이고, 이래서야 되나, 다시 처음부터, 다시 졸음, 다시 처음부터… 이러다 보니 어떤 땐 기도를 마치는 데 한 시간도 더 걸렸습니다. 그 긴 기도의 여정은 아이가 셋이나 되고 보니 자그마치 오륙 년이 계속되었습니다.

하느님께서는 저의 그런 기도를 어여삐 보셨음인지 세 아이들은 자기들이 원하는 길을 찾아 사회의 일원으로서 한몫을 하고 있습니다. 참으로 감사한 일이지요. 후배들이 저에게 아이들 교육을 어떻게 해 왔는지 물을 때마다 저는 두 가지를 말하고 있습니다.

'우선 어린 시절 주일학교를 꼭 보내라. 그러면 아이는 결코 비뚤어지지 않는다. 그리고 청소년 시절엔 밤마다 그들을 위해 기도하라. 촛불 앞에서 간절히 기도하는 어머니의 모습을 보면 아이들은 허투루 놀지 못하고 스스로 공부하게 된다' 라고.

그런데 묵주 기도를 드리면서 한 가지 궁금한 게 있었습니다. 청원 기도가 끝난 다음, 왜 미리 감사 기도까지 드려야 하는지. 그 기도는 응답을 받고 난 다음에 드리면 안 되는지…. 오랫동안 그 의문을 풀지 못한 채, 교회가 시키는 대로 순종하다가 최근에 그 의문을 풀었습니다. 평화방송에서 평소 즐겨 듣던 차동엽 신부님 강의 중 다음과 같은 내용을 듣고 나서입니다.

"부모들이 어린 자녀로부터 무엇을 요구 받으면 좀 생각해 보자고 하시면서도, 그것이 전혀 불가능한 것이 아니면 그냥 들어주려고 작정하지 않습니까? 어버이의 자식 사랑하는 마음이 자식 소원을 내칠 수가 없는 것이지요. 다만 아무 때나 주면 고마운 줄도 모르고 버릇도 나빠지니까 아이가 상급을 받을 적당한 때를 기다렸다가 주십니다. 그와 똑같이 하느님께서도 우리의 기도를 듣는 순간, 청원 내용이 의롭기만 하다면 들어주시려고 미리 작정을 하십니다. 단지 너무 빨리 주면 탈이 나니까, 적당한 때를 봐서 주시려고 뜸을 들이시는 것이지요. 그냥 달라는 대로 주어 보세요. 그게 다 자기가 잘나서 받은 것으로 알고 하느님께서 주신 선물이라는 생각을 안 합니다. 그러니 감사 기도인들 제대로 드리겠습니까?

 매달리고 매달린 뒤에 얻어야 하느님이 주신 줄 알고 감사를 드립니다. 더러는 그보다 더 좋은 것을 주시려고 궁리하시다가 늦어지기도 하지요. 그러니 이미 주시려고 작정은 하신 것입니다. 우리는 그 마음을 헤아려 미리 감사 기도를 드려야 합니다. 어떤 사람은 기도 끝에 바로 응답을 받기도 합니다. 바로 주어도 탈이 없는 사람, 그들은 모든 것 그분의 은혜라고 감사할 줄 아는 사람이지요. 즉시이거나 늦게이거나 우리에게 답을 주시는 하느님, 그분은 이미 주시기로 작정을 하고 계신 분이니 청원 기도와 더불어 감사 기도를 미리 드리는 것입니다."

아하, 그것이었구나! 나는 무릎을 쳤습니다.
그럼 더욱 열심히 감사 기도를 바쳐야지!

"그러므로 내가 너희에게 말한다. 너희가 기도하며 청하는 것이 무엇이든 그것을 이미 받은 줄로 믿어라. 그러면 너희에게 그대로 이루어질 것이다"(마르 11,24).

주님, 오늘도 제 기도를 들으시는 주님. 그 지향이 의롭지 못한 것만 아니라면 이미 들어주시기로 결재는 하셨지요? 저는 기다리기만 하면 되는 것이지요? (2006년 6월)

두 딸과 함께

지난 일요일 모처럼 두 딸과 만나 저녁을 같이했습니다. 모두 직장 생활하느라고 바삐 지내다 보니 한자리에 모이려면 얼마를 별러야 하는지, 한 달에 한 번이라도 그런 기회를 갖자고 말은 하지만 여간 어려운 게 아닙니다.

가족! 말만 들어도 가슴이 뭉클해집니다. 자연히 어린 시절 이야기로 꽃을 피우고 그때가 좋았다고 입을 모읍니다. 공부만 하고 있으면 모든 것을 부모님이 다 알아서 해주던 그 시절, 철없던 그때가 얼마나 편하고 좋았느냐는 것입니다. 막내는 초등학교 시절에도 벌써 힘겨워질 미래를 간파했던 것일까요. 방학을 맞아 나도, 자기네들도 학교에 나가지 않고 함께 모여서 즐겁게 놀 때면 꼭 하는 말이 있었습니다. "엄마, 항상 이렇게 지내면 좋겠다. 그냥 크지 말고 이대로 지냈으면 좋겠다."

그러나 세월은 흘러 아이들은 모두 성인이 되었고 직장인이 되어 이리저리 부대끼며 사회생활을 하고 있습니다.

"많이 힘들지?" "그럼요, 여성들이 집에 있는 것도 힘들다지만 직장 생활은 더 힘들지요. 상사나 동료들에게서 받는 스트레스가 대단하니까요. 항상 일보다는 인간관계 땜에 더 힘들어요." "그래, 인간관계가 제일 힘들고말고."

아이들은 최근에 겪고 있는 어려움을 이야기합니다. 당장 해결해야만 하는 사항도 꺼내 놓고 의견을 나눕니다. 산다는 것은 굽이굽이 선택해야 할 것, 결정해야 할 것의 연속이라고 해도 과언이 아니겠지요. 나는 이제 다 커 버린 딸들에게 어떤 것에도 크게 도움을 줄 수 없음이 안타깝습니다. 결국 최종결정은 자신이 해야 하는 것이 아닐까요.

그런데 다음 순간, 나는 갑자기 '자신이?' 하며 고개를 갸웃거렸습니다. 그 결정이라는 것이 어디 내 마음대로 되던가요? 아무리 애를 태워도 풀리지 않던 일이 어느 순간 좋은 생각이 떠올라 쉽게 풀리기도 하고, 몇 날 며칠 심사숙고하다가 '이렇게 하리라' 결정하고 실행에 옮기려 하는 순간, 갑자기 어떤 전기를 맞아 전혀 다른 방향에서 결론이 나 버려 내 의지와는 상관없이 매듭을 짓게 되는 경우도 얼마나 많았던가요. 그것이 과연 내가 내 의지로 '자신이' 결정한 것일까요?

나는 그런 때마다 '이건 아무래도 주님께서 섭리하심이야' 하면서 주님의 현존을 확인하곤 했었습니다. 이렇게 쉽게, 또는 허망하게 결정 날 것을 내가 왜 그렇게 안달하며 초조해 했던가, 느긋하게 기다리지 못한 자신이 부끄럽기도 했었습니다.

그래서 나는 아이들에게 자신 있게 말해 주었지요.

"우리는 내일 일, 아니 오늘 밤 일도 모르고 산단다. 어려운 일 당하면 더욱 열심히 기도하자꾸나. 뜻밖의 순간에 해결의 실마리를 주시더라. 너무 애태우지 말고 느긋하게 기도할 수 있는 마음의 여유가 필요해. 그리고 어떤 일에서든지 오로지 내 입장, 내 이익만 추구하는 것은 삼가도록 하자. 살아가는 데 있어 좋은 인간관계처럼 소중한 재산이 어디 있니? 조금씩만 양보하면 내 마음도 편하고, 이웃에게 신뢰를 쌓아 좋고, 무엇보다 주님 보시기에 예쁜 삶 살았으니 좋지. 지금 당장은 손해다 싶어도 주님이 다 알아서 채워 주신다는 걸 믿자. 우리의 존재는 참으로 미미한 것, 아무것도 우리 힘으로 되는 것은 없단다. 이 세상에 하느님보다 더 크고 확실한 '빽'이 어디 있겠니? 그렇지?"

"맞아요. 맞아요."

두 딸도 전적으로 공감해 주니 고마웠습니다.

주님, 당신의 딸 루치아와 헬레나를 사랑으로 보듬어 주소서.

(1999년 10월)

홀가분히 떠날 수 있도록

　오랜만에 화초 손질을 하기로 마음먹고 베란다로 나갔습니다. 집안일은 거의 내가 했지만 화초 가꾸기만은 남편 몫이었습니다. 뜻밖에 한 난초 화분에 꽃대가 쫘악 올라 대여섯 송이 꽃이 예쁘게 피어 있었습니다. 그는 꽃대가 나오기 시작하는 것부터 알고 좋아했는데 나는 다 핀 후에야 알다니, 난초에게 너무 미안해서 얼른 보듬어다가 그의 영정 앞에 갖다 놓았습니다.
　30년을 함께 살아온 그가 위암 말기 진단을 받고 9개월 투병 끝에 이승을 떠나버린 후, 내겐 아무것도 소중한 것이 없어지고 말았습니다. 아이들도 다 제 갈 길을 떠나 혼자 남은 집에서 우선 무엇이든지 정리만 하고 싶었지요. 이사할 때마다 소중한 보물처럼 애지중지 끌고 다니던 책도, 그리고 젊은 날 내 허허로운 영혼을 달래주던 그 귀한 클래식 음반들도….

그래서 제일 먼저 버리자고 실천한 것이 책이었습니다. 마침 이곳 백화점 문화 센터에서 책을 기증 받는다기에 두어 번 실어다 주고, 또 우리 아파트 부녀회에서 독서실을 운영한다기에 거기 소용될 만한 책들을 골라 몇 보따리 실어다 주었습니다. 가구도, 그릇도, 옷도, 무엇이든지 다 정리하고자 서둘렀습니다.

작년 이맘때만 해도 하루가 어찌 돌아가는 줄 모르게 바삐 살았습니다. 새벽 5시부터 시작되는 일과가 한 시간의 틈도 없이 좍 이어지면 저녁 9시 뉴스를 보다가도 졸음이 오기 일쑤였지요. 그러나 이제야 알았습니다. 그것이 바로 사람 사는 것임을.

그가 떠난 뒤 여러 가지 수속을 밟으면서 가장 슬펐던 것은 주민등록증을 반납할 때였습니다. 나는 그의 주민등록증을 양면 복사해 실물 크기로 만들어 간직하고, 반납 기간의 마지막 날 용기를 내어 동사무소에 갔습니다. 젊은 직원 앞에 그의 주민등록증을 내밀었지요. 의아해 하는 그에게 무어라곤가 말을 해야 하는데 목이 메어 말을 할 수가 없었습니다. 다행히 직원이 눈치를 채고 말없이 처리해 주어 고마웠습니다.

나는 남편을 위해 백일 탈상 때까지 새벽과 저녁, 하루 두 번씩 연도를 바쳤습니다. 그의 영정 앞에 앉으면 좋았던 생각보다는 내가 잘못했던 것이 자꾸만 떠올랐습니다. 직장 생활 하느라 늘 허둥대며 알뜰히 보살펴 주지 못했던 게 제일 걸렸지요. 게다가 마지막에 그가 보인 가족에 대한 사랑, 염려 등은 나로 하여금 더욱 미안한 마음을 자아내게 했습니다.

그는 많은 사람들이 중구난방으로 권하는 처방들을 일체 거부하고 담당의사의 말만 따랐습니다. 대부분의 환자는, 병에 좋다면 무엇이든 다 해보고 싶어 한다는데 전혀 그게 아니었지요. 오히려 내가 해보자고 그를 졸랐지만 야단만 쳤습니다. 남은 가족의 경제를 염려하고 있었던 것임을 저는 충분히 느낄 수 있었지요.

또 하나, 둥글레차 때문에도 몹시 미안했습니다. 떠나기 얼마 전, 그의 대자인 정채봉 프란치스코 씨가 둥글레차를 사왔는데 그걸 미처 못 끓여 준 상태에서 그가 떠난 것입니다. 그가 떠난 뒤, 어느 날 그걸 끓여 마셨는데 어찌나 구수하고 맛있는지, 이것이야말로 토속적인 우리의 맛이구나, 하면서 눈물이 핑 돌았지요. 진즉 끓여 함께 마셨으면 좋았을 것을….

내 곁의 소중한 사람이 언제 어떻게 떠날지 아무도 모릅니다. 그 금쪽같은 시간들을 좀 더 사랑하며 칭찬하며 행복하게 살 것을...

얼마 전 그의 일주기를 치렀습니다. 새벽엔 연미사 드리고, 저녁엔 집에서 제사지내고, 밤에는 성당 가족들이 마루가 그들먹하게 모여 연도를 바쳐 주었습니다. 구성진 가락에 맞춰 연도 소리가 어찌나 아름답게 들리던지 그가 그 순간 천국으로 한 발짝 다가서는 것만 같았습니다. 연도란 죽은 자의 혼령만 위로하는 게 아니라 남아 있는 자에게 커다란 위로가 되는 것임을 그날 알았습니다.

이제 나는 혼자 사는 집에 처녀 때 듣던 브람스며 슈베르트의 음악을 가득 채웁니다.

인간은 어차피 혼자인 것.

그는 갔지만 나는 또 주님 부르시는 그날까지 이 침체의 늪에서 벗어나 내 삶을 살지 않으면 안 됩니다. 지난 시간이 앞만 보고 정신없이 걸어온 길이라면, 지금부터는 영혼의 정화를 위해 오던 길을 뒤돌아보며 버리고 비우는 일에 마음을 쓰려고 합니다.

깃털처럼 가벼워져 부르시는 그날 홀가분히 떠나갈 수 있도록.

(1998년 10월)

겨울의 문턱에서

　강우량이나 일조량 등이 단풍에도 영향을 미치는 것일까요? 나무들은 해마다 똑같은 단풍을 연출하지는 않습니다. 어느 해엔 울긋불긋 색채도 화려하거니와 윤기까지 자르르 흘러 아름다운 단풍잎을, 어느 해엔 까실까실 메마른 채 빛깔마저 누르티티 볼품없는 단풍잎을 생산해 내고 있습니다. 그래서 나는 해마다 10월이면 그 해 단풍을 품평해 보곤 하지요.

　아, 금년엔 풍작이구나. 정말 곱다… 아이구, 금년엔 흉작이야….

　2002년도 단풍은 별나게 곱지는 않았습니다. 그저 평년작 수준이랄까요? 그런데 어떤 단풍을 생산했건 나무들은 11월만 되면 한결같이 옷을 벗습니다. 곱게 물든 단풍잎이건 까실까실 비틀린 단풍잎이건 아낌없이 제 몸에서 떨구어 내립니다. 그 단풍잎들을 생산하느라 봄부터 가을까지 온갖 신산辛酸을 겪었으련만 미련 없이 떨구어 내립니다. 긴 장마에, 긴 가뭄에, 느닷없이 휘몰아치는 폭풍에 시달리면서 죽을힘을 다해 지키고 가꾸었을 제 분신을 아낌없이 내려놓습니다. 그리고 그들은 겨울을 맞이합니다. 모든 것을 접고 동면에 들 때가 되었음을 알기 때문입니다.

한참 땐 나무마다 다양한 모습으로 젊음을 자랑하며 서 있었지요. 어른 손바닥처럼 널찍한 플라타너스 잎, 갓난이 손같이 앙증스런 단풍나무 잎, 부채꼴 같은 은행나무 잎, 새의 깃털처럼 갸름하면서 삐죽한 느티나무 잎… 모두 독특한 모습을 뽐내며 싱그럽게 서 있었습니다. 그런 나무들이 겨울을 맞아 일제히 잎을 떨구고 완전히 평준화가 되어 버렸습니다.

옷을 벗고 보니 키만 다를 뿐 그 나무가 그 나무입니다. 위풍당당하던 거목도, 응달에서 움츠리고 있던 잡목도 깡마르기는 마찬가지입니다. 그들은 이제 잎 무게에 눌렸던 가지들을 조금씩 위로 치켜들어 하늘을 향해 자세를 가다듬고 있습니다. 키 큰 나무나 키 작은 나무나 똑같이 겸손한 모습입니다.

이순耳順의 나이를 넘고 나니 그런 나무들의 모습이 예사로 보이지 않습니다. 인생의 겨울은 어느 때쯤부터일까. 요즈음 평균 수명이 길어졌다지만 아무래도 이순이 넘으면 겨울의 문턱으로 접어드는 것이 아닐까요? 어쨌건 요즈음은 나도 저 겨울나무들처럼 내가 지니고 있던 잎사귀들을 하나 둘 떨구어야 한다는 생각으로 은근한 압박을 받고 있습니다. 좋은 날 입겠다고 아끼던 옷, 좋은 날 쓰겠다고 아끼던 그릇, 두고두고 다시 보겠다고 아끼던 책, 첫 월급을 타면서부터 모았던 레코드판, 선물 받은 서예품, 도자기, 자잘한 액세서리. 조그만 몸에 달고 있는 잎이 많기도 많습니다.

"모든 것은 소유하는 사람의 것이 아니고 그것을 보고 기뻐하는 사람의 것이다. 소유란 기억하는 것으로 충분하고 그 기억을 많이 가진 사람이 행복한 사람이다."

어디선가 감동스럽게 읽었던 구절이 생각납니다. 그래서 나는 그토록 아끼던 것들을 필요한 곳으로 보내자고 마음을 다잡고 제법 실천도 하고 있습니다. 또 틈틈이 앨범을 꺼내어 정리를 합니다. 무슨 사진을 그리 찍어댔을까요. 같은 장소, 같은 얼굴, 좋은 곳에 갔으면 구경에나 신경을 쓰지, 웬 사진을 이렇게 찍었을까 자책하면서 과감하게 버릴 것은 버리고 있습니다. 나 떠나면 아이들이 이걸 애지중지할 리가 없지요.

그러다 보니 최근 들어 크게 변한 것이 있습니다. 마음에 끌리는 물건을 봐도 별로 사고 싶은 생각이 없고, 멋진 경치 앞에서도 별로 사진 찍고 싶은 생각이 없어진 것입니다. 그러면서 다른 한편으로 간절히 바라는 것이 있습니다. 평균 수명이 연장되어 내게 만일 가을의 시기가 조금이라도 더 머무르게 된다면, 빛깔 곱고 윤기 나는, 아름다운 단풍이나 좀 생산해 내고 싶다는... 그리고 언제 닥칠지 모르는 그때를 위해 깨어 준비하는 삶을 살고 싶다는...

나는 대학 입시 때마다 많은 어머니들이 기도하는 모습을 보면서 생각하고 있습니다. 이 세상에서 가장 어려운 입시가 무엇일까. 아이들이 고등학생이었을 때는 대학 입시가 가장 어려운 것인 줄 알았지요. 그러나 뒤늦게 그보다 더 어려운 것이 취직입시임을 알았고, 더 나아가서는 결혼 입시임을 알았고, 다시 그보다 더 나아가서는 죽음 입시인 것을 깨닫게 되었습니다.

뭐니 뭐니 해도 인생에서의 마지막 큰 입시는 '귀향 입시'가 아닐까요. 이 마지막 입시를 잘 치르기 위해서 우리는 무엇을 준비해야 할까요.

무겁게 거머쥔 것 서서히 떨구어 내고, 늘 주님과 대화하며 그분 뜻에 맞게 살아야지. 젊은 날의 교만과 이기심을 버리고 이웃을 위해 작은 선이라도 행하며 살아야지. 하루하루 감사하는 마음으로 기쁘게 살아야지. 그리하여 주님이 부르시는 날, 기다렸다는 듯이 "네" 하고 달려가야지.

어쨌거나 가벼울수록 잘 달려갈 수 있겠지요.

저 겨울나무들처럼. (2002년 11월)

하늘나라 마당의 입구에서

오랜 교직 생활을 접고, 명예퇴직을 한 후 성 바오로 딸 수도원 부설, 통신 성서 교리 신학원에 입학한 지도 어느새 6년이 넘었습니다. 해마다 보내오는 교과서와 문제집, 그리고 성경을 읽으면서 혼자 답안지를 작성해 우송하다가 일년에 한 번씩 2박 3일 동안 교육을 받는 제도인데, 얼마 전 마지막 교육을 받고 왔습니다.

입학 당시 동기생은 1,600여 명. 그러나 이번 마지막 연수에는 겨우 150여 명이 참석했습니다.

지도 수녀님께서 우리에게 "그동안 꼬박꼬박 숙제 내고 또 이렇게 교육에 참석하신 여러분, 정말 장하십니다" 하고 칭찬을 해주셨지요. 내 스스로도 6년 동안 이 좋은 공부를 지속할 수 있었음에 무척 기뻤습니다.

그런데 교육을 받고 나오자 그것보다 더 기쁜 일이 생겼습니다.

동사무소에서 저에게 경로 대상자가 되었다며 이런저런 혜택을 알리는 공문을 보낸 것입니다. 아하, 이제부터 명실 공히 노인 대접을 받는 거구나. 나는 웃음이 절로 나왔습니다. 분명 기쁜 일이었지요. 이걸 어디다 자랑한담? 우선 딸에게 전화를 넣었지요.

내가 먼저 전화를 거는 경우는 흔치 않은 일이라, 딸은 무슨 일이냐고 걱정부터 합니다. 자초지종을 듣더니 딸이 묻습니다.

"엄마, 정말 괜찮아요? 마음 상하지 않았어요?"

"아니, 좋은데? 이제 지하철도 그냥 타고 박물관도 무상출입이래."

"그게 그렇게 좋아요?"

"그런 것 때문이 아니라, 떠날 날이 가까워졌잖아. 하느님 나라 마당쯤 들어선 것 같아서 너무 기쁘구나."

"엄마도 참, 아무튼 기뻐하시니 다행이네요. 그렇지만 하느님 나라 마당은 하도 커서 현관까지 들어가려면 아직 멀었어요. 그러니 건강하셔야 해요."

하하하. 우리는 즐겁게 웃으며 전화를 끊었습니다.

그동안 우리가 숱하게 치렀던 시험들을 생각해 봅니다. 우리 세대는 중학교 들어갈 때도 입시를 치렀으니, 중입, 고입, 대입, 취직 시험…. 그때마다 합격을 목표로 최선을 다했지요. 이제 나는 마지막 입시를 눈앞에 두고 있습니다. 인생에 있어 가장 중요한 마지막 입시는 아무래도 죽음의 문, 주님 품으로 돌아가는 '귀향 입시'가 아닐까요?

　나는 다음 날로 외출을 서둘렀습니다. 진짜 하늘나라 마당에 들 것처럼 몸도 마음도 깨끗이 하고, 좋은 옷을 꺼내 입고 전철역으로 나갔지요. 창구에 다가가 역무원에게 정중히 주민등록증부터 보였습니다. 그가 나를 힐끗 보더니 말없이 표 한 장을 주었지요. 아, 이것이 바로 그 넓은 마당으로 나를 인도하는 티켓인가. 소중히 간직하고 전철을 탔습니다. 명동 역에 내려서 명동 성당엘 갔지요.

　우선 그곳 성모님께 인사부터 드리고 싶었어요. 저는 무릎을 꿇고 앉아 기도드렸습니다.

　"어머니, 드디어 여기까지 왔어요. 참 많이 살았지요? 산 넘고 바다 건너 여기까지 무사히 올 수 있도록 도와주셔서 감사합니다. 이제 남은 삶, 오직 하느님 사업에 열중하면서 늘 깨어 있게 도와주셔요. 현관까지, 거실까지, 비틀거리지 않고 제대로 걸어갈 수 있도록, 제발 마지막 하늘나라 입시에 무사히 통과할 수 있도록 도와주셔요."

　그날, 성모님과 주님의 배웅을 받으며 돌아오는 길은 행복했습니다. (2005년 11월)

7초마다 한 명의 어린이가

식탁에 앉으면 잘 보일 수 있는 곳에 세계 지도 한 장을 붙여 놓았습니다. 그것은 연전에 유니세프 한국위원회에서 후원회원들에게 보내준 자그마한 세계 지도입니다.

그 속에는 영양실조율에 따라 세계 여러 나라를 다섯 가지 색깔로 구분해 놓았는데 가장 낮은 비율인 2.5% 미만의 나라는 초록색, 4%까지는 연두색, 19%까지는 노란색, 34%까지는 황토색, 그리고 마지막으로 영양실조율이 가장 높은 35% 이상의 나라는 붉은색으로 표시되어 있습니다.

지도에서 제일 큰 초록색의 덩어리는 단연코 맨 오른쪽의 북중미 대륙입니다. 미국과 캐나다의 넓은 땅이 붙어 있어 보기만 해도 눈이 시원하고 마음도 편안합니다. 그 아래 남미로 내려가면 아르헨티나가 초록색이고 멕시코나 브라질, 페루, 콜롬비아 등은 중간

단계인 노란색, 볼리비아는 황토색입니다. 중앙으로 넘어오면 붉은색의 몽골을 한가운데 두고, 러시아와 중국이 노란색으로 큰 덩어리를 이루었고 아래쪽으로 인도와 태국은 황토색, 오스트레일리아와 뉴질랜드 등이 초록색입니다.

그들 곁에 하도 작아 얼른 눈에 안 뜨이는 우리나라를 찾아봅니다. 바로 이웃 일본은 전체가 초록인데 우리나라는 그 작은 땅에서 그나마 반쪽은 붉은색, 반쪽은 초록입니다. 말로만 듣던 북한의 실정이 한눈에 들어와 속이 상합니다.

유럽 쪽으로 시선을 옮기면 영국, 독일, 프랑스, 이탈리아 등 초록색의 여러 나라들, 그리고 그 아래로 아프리카 대륙에는 맨 밑의 남아공만 초록색이고 온통 영양실조율 최고인 붉은색이 덩어리를 이루고 있습니다. 에티오피아, 소말리아, 케냐, 르완다, 탄자니아, 잠비아, 모잠비크…

지도의 상단에는 이런 문구가 쓰여 있지요.

'7초마다 한 명의 어린이가 굶주림과 영양실조로 사망합니다.'

나는 식사 때마다 이 지도를 보면서 생각합니다. 지구상에 있는 먹을거리를 좌악 늘어놓으면 아무도 굶는 사람이 없으리라고.

몇 년 전만 해도 우리나라 음식 쓰레기 처리 비용이 8조 원이라더니 요즘은 15조 원이라고 합니다. 외식을 할 때면 남아도는 음식에 신경이 쓰입니다. 종업원들이 상을 치우며 그 비싼 음식을 쓰윽싸악 한데 합쳐 쓰레기로 처리할 때면 자꾸만 북한의, 또는 아프리카의 어린이들이 생각나는 것은 나만의 정서일까요. 옛날 어른들은 음식을 조금씩 만들면 손이 적다고 흉을 보았습니다. 먹고 남더라도 많이 하는 것을 미덕으로 알았지요.

그때는 대부분 대가족이었고 걸핏하면 일가친척들이 들이닥치니까 넉넉히 준비해 둘 필요가 있었을 것입니다. 더구나 집집마다 개나 돼지 등 짐승을 기르고 있었기에 음식이 남아도 아무 문제가 없었겠지요.

그러나 요즈음은 대부분 핵가족에다 연락 없이 들이닥치는 손님도 없습니다. 또 남은 음식을 처리해 줄 짐승도 없습니다. 이런 상황에서는 손 적은 사람을 흉보기보다 오히려 규모가 있다고 칭찬해야 하지 않을까요. 그런데 아직도 옛날 사고방식에 젖어서 음식을 듬뿍 준비하고, 한꺼번에 많은 먹을거리를 사다가 냉동고와 냉장고에 가득 채워 놓기도 합니다. 나중에는 무엇이 남아 있는지도 몰라 또 사 오고, 그러다가 결국은 상해서 버리기도 합니다.

주부들이 그런 낭비만 줄인다 해도 처리 비용이 15조 원까지 치솟지는 않았을 것 같건만…

외식 문화에서도 고려해야 할 것은 남은 음식의 처리 문제입니다. 애당초 너무 많은 음식을 시키지 않는 게 상책이지만 그게 잘 안 된다면 싸 가는 것이라도 실천해야 할 것 같습니다.

미국에서도 남은 음식을 조그마한 상자에 담아주는 게 상식화되어 있어 이름도 근사하게 '도기 백doggie bag'이라고 하지 않던가요. 우리나라도 요즘은 남은 음식을 싸 가는 사람이 늘고 있어 그나마 다행입니다.

내가 존경하는 환경운동가 한 분은 언제나 핸드백 속에 비닐이 준비되어 있어 남은 음식을 싸 가곤 하는데 첨엔 어색해 보이더니 지금은 아주 자연스럽고 좋아 보입니다. 이웃은 굶어 죽는데 그 곁에서 배가 부르도록 먹고, 그래도 남아서 함부로 버리는 걸 보시고 우리 하느님께선 얼마나 애가 타실까요.
  오병이어五餅二魚의 기적을 그렇게도 못 알아듣겠느냐고 호통을 치실 것만 같습니다. (2002년 10월)

아흔 노인의 하루

얼마 전, 오랫동안 존경하고 좋아해 온 사모님께 인사를 드리러 갔습니다. 그런대로 건강을 유지하고 계신다고는 하나 귀가 어둡고, 등이 동그랗게 굽은 92세의 어르신이십니다. 나는 좀 큰소리로 여쭙습니다.

"사모님, 혼자 쓸쓸하시지요? 자주 찾아뵈어야 하는데…."

"아니야, 괜찮아. 새벽 5시만 되면 어김없이 찾아오는 친구가 둘이나 있어. 와서 도란도란 세상 돌아가는 이야기 들려주니까 안 쓸쓸해."

"아니, 어떤 친구가요?"

사모님은 눈짓으로 신문을 가리키며 웃으십니다. 신문 옆에는 안경도 있고, 손에 들고 보는 커다랗고 둥근 돋보기도 있습니다.

제목은 그냥 보이지만 작은 활자는 그 두 개를 다 이용해야 보이신다고 합니다.

"처음엔 「조선일보」 하나만 봤지. 그러다가 몇 년 전부터 「중앙일보」도 신청했어. 아버지 문학 상賞 만들어 주었으니 그 고마움을 신문 구독으로라도 갚아 보려고 말이야. 하하."

"네에… 신문을 새벽마다 찾아오는 친구라고 하시니 정말 정답군요."

"생각해 봐. 어느 자식이 그렇게 날마다 찾아와서 나라 안, 나라 밖 소식 그토록 소상히 말해 주겠어. 그러니 너무 고마운 친구지."

"정말 그러네요. 그럼, 신문 다 보신 다음엔 뭘 하세요?"

"차 한 잔 마시고 걷기 하지. 밖에 안 나가고 그냥 거실 왔다갔다 바쁜 걸음으로 20분 걸어. 맨손 체조 20분 하고. 그런 다음 아침 먹고, TV 드라마도 보고, 그러면 9시가 되거든. 그래서 아들이고 친구들이고 꼭 9시에서 10시 사이에만 전화하자고 했지. 낮에는 기도도 하고, 친구도 만나면서 잘 지내고 있어. 어쨌든지 아이들한테 폐 안 끼치려고 내 건강관리 열심히 하고 있지. 난 아들 며느리들에게 바라는 것 하나도 없어. 그저 주고 싶은 마음뿐이야. 이 세상 떠날 때, 뒷모습이 아름다워야 한다는 생각밖엔 없어."

"네... 그런데 혼자서 식사 준비하기 귀찮지 않으세요?"

"귀찮긴? 옛날 생각해 봐. 어려울 게 뭐 있어. 수돗물 철철 나오겠다, 가스레인지만 켜면 불 나오겠다, 전기밥솥이 밥 해주겠다, 전자레인지가 음식 데워 주겠다, 그뿐이야? 생선찌개니 된장찌개니, 진공 팩에 담아서 냉동실에 넣어 놓고, 고기도 먹기 좋게 한 토막씩 썰어 버섯이랑 볶아 팩에 담아 놓고, 생선도 한 토막씩 먹기 좋게 썰어 냉동실에 차곡차곡 쌓아 두고, 내일은 무얼 먹어야겠다 싶으면 하나씩 미리 꺼내 놓았다가 데우거나 구워 먹지. 뭐가 불편할 게 있어. 한 달에 한 번 파출부 와서 청소해 주고, 음식거리 사다 만들어 주고, 이런 세상에서 힘들다고 하면 벌 받지. 그저 하느님께 감사하며 살고 있어."

"네. 정말 훌륭하셔요, 사모님."

"나는 하느님께서 이 나이까지 살려 놓으신 뜻이 무얼까 자주 생각해 보는데, 틀림없이 우리나라를 위해서 기도하라고 그러신 것 같아. 아이들이야 다 일가 이루고 사니까, 나는 자나 깨나 우리나라를 위해 기도하고 있지. 이스라엘 사람도 조국을 위해 모두들 기도했잖아. 국민이 나라를 위하는 것은 너무나 당연하지. 젊은이들이 공산당을 너무 몰라. 공산주의가 말만 좋지, 잘사는 사람 것 빼앗아다가 못사는 사람 준다고? 천만에 자기들 고위 간부들만 기름지도록 먹고, 못사는 사람은 그저 비렁뱅이지. 이북에서 살아 본 사람만 알아. 그들이 얼마나 교활하고 무서운지. 그러니 걱정을 안 하게 되었느냐고. 나야 다 살았지만 우리 후손들 생각에 정말 애가 타. 그래서 더욱 간절히 기도하게 되는 거지."

아, 존경하는 사모님! 이분이 바로 황순원 선생님 부인, 양정길 여사이십니다. (2006년 5월)

지공의 나이에

지공의 나이를 아시나요?

공자님께선 말씀하셨지요. 40은 불혹, 50은 지천명, 60은 이순, 70은 종심이라고. 그런데 요즈음 우스개 소리로 새로 나온 단어가 있습니다. 지하철을 공짜로 타게 된 나이 65세를 일컬어 '지공'이라고 한다는군요.

저도 지공의 나이가 되었습니다. 그런데 이 나이가 주는 즐거움이 쏠쏠합니다. 빈집에 베토벤이며 브람스를 울리게 하고, 양지바른 거실에 앉아 차 한 잔을 마시며, 좋은 문학 작품이나 영성 서적을 읽고 있으면, 이 세상 평화란 평화는 다 내게로 오는 듯합니다.

어느 날은 슈베르트의 「아베마리아」나 「겨울 나그네」를 틀어 놓고 큰소리로 따라 부르기도 하고, 하느님 찬미가를 부르면서 행복에 젖기도 합니다. 건강관리에도 신경을 써야 한다는데, 운동에는 관심이 없어서 나지막한 산을 오르기도 하고 공원을 걸으면서 자연의 아름다움에 취해 보기도 합니다. 걷는 게 최고라 하니, 30분 이내의 거리는 항상 걸어서 다니고 시내에 나갈 때는 지하철을 이용합니다. 시내에서 모임이 있으면 조금 일찍 나가 세종문화회관 전시실에 들러 미술 작품을 감상하는 것도 요즈음 누리는 즐거움입니다.

어제도 여의도에서 행사가 있어 조금 일찍 나갔다가 광화문에 내려 전시실에 들렀습니다. 풍경 훼스티벌 100인 백경百景이라는 부제를 달고 '자연의 신비, 100인 사진전'이 열리고 있었습니다.

거기서 뜻밖에도 백두에서 한라까지 전국의 산을 누비고 다니는 행운도 누렸습니다. 그것도 봄, 여름, 가을, 겨울, 사시사철의 산경을 만끽하며 말입니다. 희망찬 해돋이 구경을 시작으로 온갖 풍경 앞에 잠시 머물러 감상을 했습니다.

백두산 천지연의 짙푸른 남빛, 내 영혼까지도 빨아들일 듯한 그 심연의 둘레를 아기자기 장식하며 가볍게 흩날리는 하얀 풀꽃, 금강산 만물상 주변에 한 덩이로 타오르는 단풍, 대관령의 겨울 산에 막 고해성사를 마치고 순백으로 피어 있는 설화, 동해 바다를 울리는 갈매기의 합창, 경포 호수 위의 수행자 연꽃, 정신까지 혼미해지는 계룡산의 운해, 환희의 송가를 들려주는 지리산의 철쭉, 평사리에 군집한 서민의 모습 자운영, 청소년들의 꿈이 뿜솟아 피어나는 제주도 유채꽃, 한라에서 바라본 노년의 평화로운 뒷모습 일

몰…. 이 아름다운 자연의 신비는 누구의 작품일까요?

이래서 또 한번 하느님을 인정하지 않을 수 없고, 그분이야말로 최고의 시인이란 생각을 하며 그곳을 나왔습니다.

나는 서둘러 여의도 KBS홀로 갔습니다. '국민과 함께하는 육군 군악 연주회'에 참석하기 위해서입니다. '포럼·우리 시 우리 음악' 회원들과 만나 회사 구내식당에서 값싸고 맛깔스런 저녁을 먹고 연주장으로 들어갔습니다. 아, 이 젊은 열기. 입구에서부터 젊은 오빠들의 인사를 받으며 기분이 상큼해집니다. 자리를 잡고 앉으니 바라만 보아도 활력이 솟는 장병들이 무대에 오릅니다. 그들은 갈고 닦은 솜씨로 「육군 행진곡」을 연주해 넘치는 에너지를 부어주는가 하면, 시벨리우스 교향시 「핀란디아」를 연주해 분위기를 차분히 가라앉혀 놓기도 합니다. 게다가 명성 높은 박세원, 유미자 교수를 초빙해 귀한 성악까지 들려주니 환상적입니다.

그뿐입니까? 한복 차림의 국악단도 있습니다. 젊은 오빠들은 사물놀이며 상모돌리기로 실내가 떠나갈 듯 한 판 흥을 돋우는가 하면, 민족의 애환을 담은 「아리랑」으로 공연히 서러움 한 줌을 선사하기도 합니다. 문화는 향유하라고 있는 것이고, 향유할 줄 아는 자의 몫이겠지요. 갑자기 무지개를 타고 다른 세상에 다녀온 듯 행복합니다.

학교 급식 제도가 없었던 1980년대, 새벽부터 일어나 도시락을 6개까지도 싸면서 남편과 세 아이를 건사하고, 허겁지겁 직장으로 달려갔던 그 시절!

 이제 두 번 다시는 못할 것만 같은 그 시절의 분망한 생활을 생각하면 지금 누리는 이 여유가 꿈만 같고, 그러기에 더 고마움을 느낍니다.

 문화뿐만이 아닙니다. 과학도들이 만들어 놓은 기계 문명에 서툰 대로 접근하는 것도 즐겁습니다. 눈 오고 비 오는 날, 은행에 가지 않고도 폰뱅킹이며 인터넷뱅킹으로 급한 송금을 마칠 수 있으니 얼마나 고맙습니까? 다행히 과학도인 아들 덕분에 일찌감치 이메일도 사용했습니다. 어찌나 신기한지, 또래 친구들에게 컴퓨터부터 배우라고 졸라 메일을 주고받는 기쁨도 누렸습니다.
 도대체 이 과학이 언제까지 더 새로운 것을 발명해 낼 것인지, 하느님께서 온갖 보물을 밭에 묻어 놓고, 인간에게 무한한 능력을 주시어 그 보물을 찾아내게 하시는 거구나, 하는 생각을 하면서 새로운 것을 흉내라도 내며 좇아가려고 노력합니다.

 늙는다는 것, 이것이 어찌 허망하고 나쁜 일이기만 하겠습니까? 주님께 다가갈 시간이 가까워져서 좋고, 시간에 여유가 있어 내가 배우고 싶은 것, 누리고 싶은 것을 누릴 수 있으니 참으로 감사할 뿐입니다. (2006년 3월)

그대들이 있어 난 행복했다오

여자고등학교 교사 생활 30여 년!

길을 걷다가도 '하느님, 감사합니다' 소리가 저절로 나옵니다.

교직은 나에게 천직이었고, 새 천년을 앞둔 1999년, 명예퇴직을 하고 난 후에도 그 시절이 있었기에 행복합니다.

돌이켜보면 이십대 어린 나이에 감히 '선생님'이 되어서 무엇을 어떻게 가르쳤을까 부끄럽기 짝이 없지요. 새내기 교사였던 전남여고, 여수여고 시절, 철없는 나는 제자들에게 어떻게 비쳤을까, 수줍게 미소 지으며 고개를 숙이곤 합니다.

그러나 긴 세월 동안 나는 그대들이 있어 진정 행복했습니다.

한참 감수성 예민한 그대들과 함께 생활하면서 나 또한 늙을 새도 없었고, 수업에 열정을 쏟다 보면 자질구레한 일상의 찌꺼기들도 말끔히 여과되어 고통이나 불행을 느낄 틈도 없었지요.

'국어'라는 과목은 문학도인 나에게 무척 잘 맞았습니다.

교과서에 나오는 문학 작품을 가르치면서, 작고 순수한 것들이 얼마나 아름다운 것인가를, 물질적인 것보다 정신적인 것의 가치가 얼마나 소중한 것인가를, 생명에 대한 사랑, 인간에 대한 사랑이 얼마나 감동적인 것인가를, 나도 모르게 소리 높여 열강하고 있으면 그대들은 초롱초롱 반짝이는 눈빛을 나에게로 쏟아주며 고개를 끄덕끄덕, 진지하게 듣고 있었지요.

그렇게 영적 교감을 나누며 일체감을 이루는 순간이 교사인 나에게 얼마나 힘이 되고 기쁨이 되었는지 여러분은 아실까요.

나는 또한 그대들에게 시심詩心을 불어넣어 주고자, 자투리 시간이 생기기만 하면 시를 적어 주었지요. 지금도 그 시절 내가 써 주었던 시「동화」,「호수」,「파도야 어쩌란 말이냐」등을 외우며 내게 젊음을 되찾아 주는 제자들이 있으니 참으로 감사할 뿐입니다.

어른이 된 뒤, 상담 교사로서의 생활도 잊을 수 없습니다.

수업을 마친 후, 이런저런 고민거리를 들고 나를 찾아오던 그대들. 누군가와의 대화가 그리운 그대들에게 나는 땅거미가 지도록 들어주면서 함께 아파하고 함께 고민해 주었습니다. 그 작은 성의에도 힘을 얻었다며 방긋 웃고 돌아가던 그대들.

그대들이 있었기에 나는 교사로서의 또 다른 보람을 느끼며 행복했습니다.

사랑하는 여러분, 이제 나는 정식으로 경로 우대를 받아 지하철을 공짜로 타는 '지공地空(?)'의 나이가 되었고, 나와 함께 지내던 여러분도 불혹不惑을 넘어 지천명知天命의 나이에 이른 사람도 있는 줄 압니다.

그동안 우리는 너무나 많은 입시를 치러 왔지요. 그러나 가장 마지막 입시는 역시 본향으로 돌아가는 '귀향 입시'가 아닐까요?

요즘 한참 '웰빙' 바람이 붑니다만 '웰다잉'은 더욱 중요하리라고 생각됩니다.

나는 문학과 종교, 두 기둥을 붙들고 남은 삶을 잘살아 보려고 노력하고 있습니다. 그동안 여러분과 함께 지냈던 삶이 큰 축복이었으니, 이제는 될 수 있으면 남을 위해 봉사하면서 더욱 작아지고 더욱 가벼워지려고 노력하고 있습니다.

가장 행복한 삶은 누군가를 사랑하고 누군가로부터 사랑받을 때 가능한 것이겠지요?

우리 모두 서로 사랑하며 행복하게 살기로 해요.

감사합니다.

2006년 광주광역시 교육청
'스승의 날' 기념 행사장에서

하느님의 소원

하느님께서는 우리의 소망이 당신의 뜻에 합당한 것이기만 하면 기꺼이 들어주시나 봅니다.

퇴직 후의 삶은 오직 하느님 사업에 바치리라는 소망을 품었더니, 가톨릭 월간지 '참 소중한 당신'의 출범과 함께 미래 사목연구소장 차동엽 신부님께 불려가 이런저런 도우미 노릇을 하게 되었습니다. 덕분에 신부님께서 오직 기도와 땀으로 쓰신 숱한 영성 서적을 접할 기회를 가졌고, 신자들을 복음으로 무장시키는 감동적인 강의를 자주 들을 수 있는 행운을 누리게 되었지요.

연구소에서는 지난 5월, '선교훈련 시그마 코스'라는 책을 출간하고 학술 세미나를 열었습니다. 선교에 관심있는 많은 분들이 모여 성황을 이루었는데, 거기서 들었던 신부님 말씀이 가슴을 울려 두고두고 풀어야 하는 숙제로 남았습니다.

"기도에도 등급이 있지요. 하느님을 아빠, 아버지로 모시며 순수하게 소망을 비는 것도 중요합니다. 그러나 조금 성숙해지면 어떤 기도가 나와야 할까요? 성체 조배실에 앉아서 이런 기도 한번쯤은 해 봐야지 않겠습니까?

'하느님, 지금껏 제가 너무 많은 소원을 빌었지요? 들어주셔서 감사합니다. 이번에는 제가 한번 여쭈어 볼게요. 하느님의 소원은 무엇입니까? 이제 제가 하느님 소원 한번 들어 드릴 테니 말씀해 보세요. 까짓것 제가 들어드릴 테니 말씀해 보시라니까요.'

그러면 하느님께서 말씀하실 것입니다.

'아, 내가 너한테서 그 말 나오기를 얼마나 기다린 줄 아느냐, 고맙다. 정말 내 소원 좀 들어다오. 오늘도 내 사랑하는 양들이 울타리 밖에서 헤매고 있구나. 나는 그들이 불쌍해서 애간장이 녹는구나. 어떤 놈은 아예 나의 존재도 모르고, 어떤 놈은 알아도 등지고는 나를 아버지가 아니라 부정하고, 어떤 놈은 꼬임에 빠져서 나갔다가 길을 잃어버리고, 어떤 놈은 달콤한 유혹이 독약인 줄도 모르고 계속 마셔대고 있구나. 죽음의 늪에서 허덕이는 저 불쌍한 내 양들을 다시 내 품으로 데려다줄 수 없겠느냐? 단 한 마리 양이라도 데려다 줄 수 없겠느냐? 그것이 내 소원이란다.'

라고 말입니다.

선교야말로 그리스도인의 의무입니다. 하느님께서 내 기도는 왜 안 들어주실까, 라고 생각하는 분이 있거든 자신이 선교를 몇 명이나 했나부터 성찰해 보십시오."

과연 나는 선교에 열심이었던가? 고작 내 가족을 주님께 인도했고, 수업 중 슬쩍슬쩍 가톨릭 이야기를 곁들여 몇몇 제자의 대모를 선 게 전부일 뿐, 이웃의 선교에 적극적이지 못했던 것을 고백합니다. 주변 사람에게 몇 번 권해 보다가 잘 안 되면 귀찮고 쑥스러워서 그냥 물러나곤 했었지요.

그런데 '선교훈련 시그마 코스'를 읽고 난 뒤 나도 모르게 선교 열정이 솟아오름을 느낍니다. 나아가 그동안 신자로서 그 일에 너무 무심했던 것이 부끄럽게 생각됩니다.

나는 평소 선교의 대상으로 꼽았던 몇 사람을 떠올리며 명단을 작성했습니다. 일단 명단에 올려놓고 집중적으로 그들을 위해 기도부터 하기로 했지요. 그런 다음 좀더 적극적으로 시도해 보려구요. 다른 기도는 몰라도 '하느님의 소원'을 위한 기도는 들어주실 것만 같습니다.

그렇지요. 어느 날 친구들과 외식을 하다가 음식이 맛있으면 가족을 데리고 가고 싶지요. 좋은 책이나 영화도 누군가에게 권하고 싶지요. 그런데 이 좋은 신앙생활을 가까운 이웃에게 권하지 않는다는 것은 신자로서 직무유기요 하느님께 꾸중들을 일이 될 것 같습니다. 오로지 귀찮다는 이유로, 상대방의 냉랭한 반응에 마음이

상한다는 이유로, 몇 번 해 보다가 말아 버린다는 것은 얼마나 소극적인 행동이었는지요.
　나는 몇 사람 이름을 적어놓고 간절히 기도드립니다.

　주님, 제 기도 들어주실 거지요? 제 명단에서 한 사람 한 사람 이름이 지워지고 다시 새 이름이 등재되도록 안내해 주실 거지요? 저도 하느님 소원 한번 들어 드리고 싶어요. 주님!　(2006년 6월)

노랫말 두 꼭지

평소 음악을 좋아했던 때문일까요?

가끔 우연찮게 노랫말을 지을 기회가 주어지곤 했습니다.

십수 년 전, 반포 성당 노인대학교 교가를 작사했고, 오륙년 전에는 중앙대 부속고등학교 교가, 경인고등학교 교가를 작사했습니다.

최근에는 가톨릭 월간지 '참 소중한 당신' 주간 신부님의 뜻에 따라 잡지의 노랫말을 짓게 되었습니다. 나에게 '참 소중한 당신'은 누구일까? 가족이 떠오르긴 했지만, 아무래도 예수님보다 더 소중한 존재는 없을 것 같아 일단 대상을 주님으로 하고, 자나 깨나 앉으나 서나, 밥을 먹을 때나 물을 마실 때나, 버스를 타나 지하철을 타나, 오직 예수님만 생각하면서 노랫말을 짓고 다듬기를 일주일 남짓. 마침내 다음과 같은 노랫말을 완성할 수 있었습니다.

참 소중한 당신

어떻게 전할까, 내 간절함
어느 날 문득 깨어나 보니
눈길 닿는 모든 곳에 네가 있었지.
살포시 보듬어 가슴에 담고
널 느끼고 만나고 아파하면서
그렇게 너만 보며 살게 된 거야.
내 눈에 가득한 너, 참 소중한 당신.
you, so precious!

어떻게 전할까, 내 그리움
내 마음엔 맑은 시냇물 하나
너를 향한 물결로 흘러넘치지.
내 온 몸 적시며 돌고 있는 사랑
퍼내도 퍼내도 마르지 않아
너랑 함께 노래하며 살게 된 거야.
내 가슴에 가득한 너, 참 소중한 당신.
you, so precious!

어떻게 전할까, 내 보고픔
네 존재만으로 힘이 솟는 나
세상은 네가 되고 난 그 안에 살지.
내가 하는 모든 일 너 바라볼까봐
향기롭게 살려고 나를 가꾸며
오직 네게 맞춰 살게 된 거야.
온 세상에 가득한 너, 참 소중한 당신.
you, so precious!

 예수님을 '너'라고 하다니, 이런 불경스러움이 어디 있겠습니까만, 젊은이들이 즐겨 부르기를 바라며 신세대 감각에 맞추었지요. 영광스럽게도 이 노래는 복음성가 계의 신예 신상옥 선생님이 작곡하고, 가수 '바다'가 불러 나를 행복하게 해 주었습니다. 곡도 좋지만 바다가 어찌나 예쁘게 부르는지, 종일 틀어 놓고 따라 연습해서 나도 부를 수 있게 되었지요.
 그런데 금년 1월 잡지에 실린 이 악보를 보고 소설가 전경애 선생이 전화를 했습니다. 소설가가 작사를 하는 일은 드문 일이라 무척 반갑다며, 사실은 본인도 작사를 하고 있다는 것이었어요. 선생 덕분에 나는 작곡가 이안삼 선생님의 친절한 안내를 받으며 우리 가곡을 사랑하는 모임 '포럼·우리 시 우리 음악'에 들게 되었습니다. 그 모임은 작사자, 작곡자, 연주자 들이 삼박자를 이루어 우리 가곡 활성화를 위해 노력하는 단체입니다. 거기서 나는 저명한 작곡가들, 연주자들과 만나는 영광을 누리게 되었지요. 젊은 시절부터 우리 가곡을 좋아했더니 이렇게 맺어지는구나...

  그 덕분에 또 하나의 노랫말을 짓게 되었습니다.

한 송이 풀꽃으로

내 어린 시절 외딴 오솔길 걷다가
홀로 하얗게 핀 풀꽃송이 보았지.
오랜 친구인 양 내게 미소 지으며.
별처럼 반짝이는 눈짓도 주었지.
이름 없는 꽃, 향긋한 작은 풀꽃
가야할 길 몰라 방황하는 나에게
기쁨 주고 위로 주고 꿈도 주었지.

오늘도 쓸쓸히 외딴 오솔길 걷다가
홀로 하얗게 핀 풀꽃송이 만났네.
온갖 비바람 눈보라 다 견디고도
순백의 미소로 나를 반겨 주었네.

이름 없는 꽃, 향긋한 작은 풀꽃
세월의 더께에 때 묻은 내 영혼
영롱한 이슬로 맑게 씻어 주었네.

아, 나도 한 송이 풀꽃으로 남으리.
이름 없는 꽃, 작은 풀꽃으로 남으리.
아주 하얗게, 아주 향기롭게.

현재 작곡가 심명복 선생님께서 작곡하고 계시는 이 노래가 우리 가곡으로서 널리 사랑받게 되기를 바랍니다. (2006년 5월)

본 대로 느낀 대로 4

본 대로 느낀 대로

대관령의 소나무처럼

 화창한 가을, 대관령 숲에서 문학행사를 갖게 되어 자연 휴양림의 방갈로에서 하룻밤을 묵게 되었다. 그곳은 방마다 내부를 나무들로 장식해, 이름을 소나무방, 엄나무방, 고로쇠나무방, 자작나무방, 박달나무방, 떡갈나무방, 느릅나무방 등으로 붙이고 바깥 자연과 조화를 이룬 아담하고 운치 있는 집이었다.

 우리 일행은 잣나무방에 들었다. 문을 열자 향기가 고소하게 났다. 사면 벽이 온통 잣나무로 되어 있었는데 빛깔이 뽀얗고 윤기가 반질하게 났다. 뽀오얀 바탕에는 검은 무늬가 동글동글 새겨져 있었는데 그건 잣나무에 박혀 있던 옹이자국이란다. 일부러 무늬를 새겨 넣어도 그렇게 멋지진 않았으리라.

 어스름 저녁이 되자 행사장으로 나가 모닥불 곁에서 가을밤 숲의 정취를 만끽하다가 잣나무 방으로 들어와 단잠을 잤다. 그리고 다음 날 아침, 돈 주고도 못살 값진 선물을 받았다. 잣 향기 속에서 단잠을 잔 것도 고마운데 이른 아침 우리를 환영하듯 청명한 가을 햇살이 눈부시게 쏟아져 들어오는 게 아닌가.

나는 자유시간을 틈타 숲길 산책에 나섰다.

오, 이 자랑스러운 숲!

어린 시절, 으레 민둥산으로만 보였던 우리나라 산은 이제 어디를 가나 숲으로 조성되어 있다. 나는 청량음료를 마시듯 몇 번이고 심호흡을 하면서 솔향기를 들이마셨다. 오솔길에는 떨어진 솔잎들이 잔뜩 쌓여 있었다. 바늘처럼 가느다란 솔잎. 이것을 시골에서는 '갈비'라고 불렀다. 이렇게 푹신푹신한 갈비 위를 걸어보는 것이 얼마만인가.

나는 성큼 어린 시절 시골집 추억의 문안으로 들어섰다.

땔감이 귀하던 그 시절, 시골에서는 겨울을 나기 위해 나무를 구해야 했다. 특히 겨울로 접어들면 마을 남정네들은 지게에 갈퀴를 얹고 산으로 올라가 한나절씩 긁어모은 갈비를 한 짐씩 지고 왔다. 그것은 장작불을 댕기는 불쏘시개로 많이 쓰였고 그것 자체로도 좋은 땔감이 되어 주었다. 아궁이에 갈비를 한 움큼씩 집어넣고 부지깽이로 들썩거려 숨구멍을 터주며 밥을 짓고 국을 끓였다. 때로 아직 덜 말라 축축한 갈비를 땔 때는 어찌나 연기가 나는지 콜록콜록 기침을 해대며 부지깽이로 갈비를 들썩거리곤 했다.

이제 마을 총각이나 아저씨들이 자기보다 더 크고 무거워 보이는 갈비 짐을 등이 휘도록 지고 오던 모습은 찾아 볼 수 없이 되었다. 또한 갈비 한 모숨씩을 손에 쥐고 불씨를 얹어 후후 불면서 불을 살리던 모습도, 아궁이 앞에 쪼그리고 앉아 벌겋게 단 얼굴로 불을 때던 아낙네의 모습도 기억 저 편으로 밀려나고 말았다.

60년대 연탄의 출현만으로 감지덕지하다가 더 편리한 가스가 나와 이젠 아무 고마움도 모른 채 살고 있는 오늘, 대관령 숲길을 걷다가 그 옛날이 그리워지는 것은 어인 까닭일까.

좀 오르니 정상 600미터라는 팻말이 붙어 있다. 1925년에 소나무 씨를 뿌린 곳이라는데 아름드리 적송이 온 산을 빼곡히 메워 우람하기 그지없었다. 소나무가 저리도 크고 곧은 것이었던가. 낙락장송만 상상하던 내게 대관령의 소나무는 경이롭기만 했다.

한참을 걸어드니 잘 생긴 소나무에 팻말 하나가 붙어 있었다.

나이 82세, 지름 62센티, 둘레 185센티,
높이 28미터, 현시가 892,500원.

하늘 높이 쪽 곧은 둥치가 하도 고아해 보여서 고개를 치켜들고 한참을 바라보았다. 더구나 하늘까지 맑아서 어찌나 청정해 보이는지 대번에 매료되고 말았다. 80여 년 살아온 나무는 갑자기 생의 애환을 겪으며 살아온 노스승이 되어 나를 자애로이 굽어보고 있었다. 삶이 아무리 고단해도 중심을 잃지 말고 청정히 살라 충고

하는 듯, 자신도 온갖 비바람 다 견디며 여기까지 왔나니 어떤 시련도 두려워 말라 격려하는 듯.

　나는 팔을 벌려 그 큰 나무둥치를 안았다. 한 아름에 어림도 없이 우람한 나무. 이렇게 큰 소나무가 있다니... 나로서는 생전 처음 보는 크기였다. '대관령의 소나무를 알현하지 않고서는 감히 소나무를 보았다고 말하지 말라'고 읊은 강릉 시인 이충희 선생의 시구가 생각났다.

　소나무들 사이에는 잡목도 많았다. 그것은 그것대로 함께 두어야 낙엽들을 떨구어 소나무에 거름이 된다던가. 우리 세상처럼 잘난 사람, 못난 사람, 공생하는 이치가 거기도 있었다. 하지만 자연 속에서는 소나무가 잡목을 무시하지 않고 잡목도 소나무 때문에 기죽지도 않으니 얼마나 다행인가. 우리도 그들처럼 서로를 인정하고 모자란 것 보태주면서 다정하게 살았으면 좋으련만, 부자는 더욱 부자가 되려고 혈안이 되고, 가난한 사람들은 부자들을 질시하고 적대감까지 품는 것 같아 안타깝다.

　그래. 저 청정한 소나무가 이 숲을 가꾸듯 좋은 환경에서 잘 자라 성공한 사람들이 제발 이웃을 배려하며 건전하고 고아하게 이 세상을 이끌어 주었으면...

　그런데 가장 나를 아찔하게 했던 것은 그 다음에 만난 팻말이었다. 간벌間伐, 즉 솎음에 관한 설명이었다. 큰 나무 자른 단면과 작은 나무 자른 단면, 두 개를 비교한 도형 옆에 자세히 쓰여 있었다.

가던 길을 멈추고 찬찬히 읽어 보니 간벌해서 키운 것과 그냥 키운 것의 차이가 대단했다. 20년 후를 기준으로 했을 때, 간벌한 쪽이 4배도 넘게 잘 자라고 값으로 따져서는 10배의 차이가 난단다. 또 나이테를 보니 간벌 직전까지는 똑 같았던 두 나무가 간벌 후부터는 현저한 차이를 보였다. 간벌을 해 키운 나무는 굵직굵직 시원스레 한 바퀴씩 돌고 있는데, 그냥 키운 나무는 촘촘히 가늘게 한 바퀴씩 돌고 있어 답답하게 느껴졌고, 무언가에 짓눌려 마음대로 자라지도 못한 듯 쪼그라진 모습이었다.

그렇다.

어느 날, 같은 숲에서 운 좋게 살아남은 놈은 누구고 뽑힌 놈은 누구였을까.

선택된 자가 잘 살 수 있었던 것은 뽑혀버린 자가 섭취할 몫까지 제 몫으로 챙긴 덕이 아닐까. 그렇다면 선택된 자들은 희생당한 자들에게 감사하고 미안해 할 줄도 알면서 더 많이 베풀고 더 많이 사랑하며 청정하게 살아야 하지 않겠는가.

저 대관령의 소나무처럼. (1997년 10월)

배론 성지에서

가톨릭 문인회에서 배론 성지 순례를 가기로 한 4월 8일.

조광호 지도 신부님을 모시고 40여 명 문우들은 영동고속도로를 달려 제천으로 갔다. 이제 막 피어나는 개나리, 진달래꽃의 열렬한 환영을 받으며.

나는 십여 년 전에도 그곳에 갔었는데 황사영 선생이 「백서帛書」를 쓴 토굴이 오래 인상에 남았고, 한편 공로에 비해서 조금 덜 대접받는 듯한 최양업 신부님께 각별한 애정이 느껴져, 기회가 닿으면 다시 한번 가보고 싶었던 터였었다.

두어 시간 달려 성지에 도착했다. 입구에 '배론 성지'라는 글씨가 보이고 대형 십자고상이 세워져 있었다. 버스 안에서 얼른 성호를 그으며 인사부터 드렸다.

묘소를 참배하러 언덕으로 올라가는 도중 그곳을 성지로 개발하는 데 힘쓴 양기섭 신부님, 그리고 이 땅의 민주화 운동에 몸 바친 지학순 주교님의 묘소가 있어 잠시 참배했다. 그러고 보면 배론 성지야말로 이중 삼중으로 뜻 깊은 순례지가 아닌가.

마침내 언덕 위에 잘 다듬긴 최양업 신부님의 묘소에 이르렀다.

나는 최고의 존경과 사랑을 담아 경배를 드렸다. 소년 김대건과 함께 신학생으로 선발돼 마카오로 유학을 가셨고, 김대건 신부님 뒤를 이어 우리나라에서 두 번째로 사제가 된 최양업 신부님. 귀국하여 전라도, 경상도, 충청도 등 선교사들이 갈 수 없는 100여 개의 공소를 돌며 피 흘림이 아니라 땀 흘림으로 쓰러져 순교하신 최양업 신부님. 그렇게 발이 부르트도록 교우촌 순방을 통해 사목 활동을 벌이는 한편 교리책을 한글로 번역하고 천주가사까지 지어 폭넓은 선교에 힘쓰신 신부님. 그 삼엄한 박해 속에서도 교우들이 하느님의 섭리와 자비에 대한 철저한 신뢰로 온갖 어려움을 극복할 수 있게 이끌어 주시고, 지도 신부님께 사목활동을 꼬박꼬박 편지글로 보고하신 신부님. 만일 필요하다면 자기 피를 흘릴 각오를 하고 교우촌 방문에 헌신하여 마침내 경상도 전교를 마치고 서울로 올라오던 도중, 과로로 쓰러져 선종하신 최양업 신부님.

비록 피를 흘리진 않았으나 사목 활동 12년 동안 그분이 흘린 땀을 생각하면 한 칼에 스러진 순교자의 피보다 덜할 것이 무엇이랴.

게다가 그분의 어머니 이성례 마리아 님의 일화는 언제 들어도 눈물이 난다. 두고 온 어린것들이 눈에 밟혀 잠시 배교하고 집으로 돌아와 아이들을 어떻게든 살게 해보려고 이 집 저 집에 맡겨 두고 다시 들어가, 나도 함께 죽여 달라고 목숨을 던졌지만, 그 잠시의 배교가 걸림돌이 되어 성인 반열에 오르지 못했다는 그분의 어머님. 결국 아버지 최경환 프란치스코 님만 성인이 되시고 최양업 신부님과 어머니는 그냥 순교자로만 남으셨다니 얼마나 모순인가.

  인간이 하는 일이라 그 정도로 판단될 수밖에 없었음에 수긍도 가지만, 심한 허탈감이 느껴지는 것 또한 어쩔 수 없다.

  그러나 나는 믿는다. 하느님께서는 그들 모자를 더욱 가까이 불러 사랑해 주시고 위로해 주시리라고. 그리고 홀로 성인 반열에 오르신 김대건 신부님도 동료 최양업 신부님에게 미안한 마음으로 이승에서보다 더 뜨거운 우정을 나누어 주시리라고.

  곧 미사 시간이 되었다. 전에 갔을 때 뵈었던 배은하 신부님이 성지에 대한 돈독한 애정으로 가슴 뜨거운 강론을 해주셨다. 그중에 기억하고 싶은 것은 세상 것들에 지나친 집착을 버리자는 것, 돈이나 명예뿐 아니라 자신의 의지까지도 버리자고 말씀하셨는데 특히 그 '의지' 의 버림에 대해서 묵상할 기회를 가졌다.

  모든 것 내 뜻대로가 아니라 아버지의 뜻대로… 나약한 우리가 왜 그렇게도 사사건건 내 뜻대로 하고자 안달을 하는가. 아버지의 뜻에 다 맡기기만 하면 참다운 평화와 자유를 만끽하련만.

미사 후 경내를 돌면서 우리나라 최초의 신학교 모습을 먼저 보고, 마침내 황사영 선생이 「백서」를 썼던 토굴을 찾았다. 16세 어린 나이에 과거 급제하여 정조의 총애를 받았던 황사영 선생.

왕은 그가 얼마나 사랑스러웠기에 따스히 손을 잡아주며, 아직은 나이가 어리니 더 공부하다가 20세가 되거든 다시 찾아오라고 당부까지 했을까.

그러나 그는 정약종의 문하에서 공부를 하다가 천주학을 알게 되어 주어진 부귀영화를 다 버리고 쫓기는 몸이 되었다지.

나는 토굴 속으로 들어가 한참을 쪼그리고 앉아 있었다. 그분의 혼이 가슴으로 전해져 오는 듯, 신유박해로 말미암아 거의 무너져 가는 교회의 재건을 위해 중국에 도움을 청하는 「백서」를 써야만 했던 당시 정치적 상황에 몸서리가 쳐지고, 이십대 청년이 그런 결심을 하기까지의 고독한 몸부림, 용기, 그리고 그 중노동 등에 생각이 미치자 눈시울이 젖어들었다.

세상에, 말이 쉽지. 가로 62센티미터, 세로 38센티미터의 명주에 순한문 세로글씨로 122행, 13,384자의 깨알 같은 글씨. 그것도 까다로운 한자를 어찌 썼을까.

원고지 한 장만 쓰다가도 틀리는 글자가 생기는데 흔들리는 명주 천에 그 많은 글자를 어쩜 그렇게 쪽 고르게 써내려갔을까. 전기도 없는 그 시절, 행여 들킬세라 맘 졸이며 어둑한 토굴 속에서 몇 날 며칠을 쪼그리고 앉아 한 획 한 획 피맺힌 절규로 정성을 다했을 그 「백서」를 바라보며 참으로 숙연해지지 않을 수 없었다.

 조상들이 이렇듯 피와 땀으로 지켜온 신앙을 편안히 앉아서 거저 받아들이고 있는 행복한 우리들. 그럼에도 불구하고 아직도 주님을 영접하지 못한 사람이 많고, 영접했다 해도 주님 말씀에 어긋나는 말과 행동으로 그분께 못질까지 해대고 있으니 얼마나 염치없는 후예인가.

 부디 나를 조금이라도 희생하여 바늘 끝에 찔린 정도의 아픔이라도 느끼면서 주님 말씀대로 사는 현대식 순교에 동참하자고 다짐해 본다. （2001년 5월）

우리 모두 하나 되어

— 은티마을 순례

사월의 마지막 일요일.

가톨릭 문인회에서 연풍 성지로 순례의 길을 떠났다.

40여 명 문우들이 마음을 하나로 모아 묵주 기도를 올리고 성가를 부르며 중부고속도로를 달렸다. 아름다운 신록에 도취되어 "주 하느님 지으신 모든 세계 내 마음속에 그리어 볼 때…" 성가 2번이 저절로 터져 나왔다.

오, 싱그러워라. 온 산이 신록으로 화들짝 깨어나 희망의 노래를 부르고 있었다. 연둣빛 유니폼을 입은 수천 명의 초대형 합창단이 목청껏 환희의 송가를 부르고 있었다. 베토벤의 교향곡 9번이 절로 연상되는 순간이었다. 이것은 산이 많은 우리나라에서나 느낄 수 있는 새봄의 큰 축복이 아닌가.

그렇게 우렁찬 신록의 노래를 들으며 두어 시간 후에 도착한 곳은 충북 괴산군 연풍면. 그곳은 갈매못에서 순교한 성 황석두 루카의 고향이요 최양업 신부의 발자취가 서려 있는 교우촌으로 곳곳에 선조들의 순교 역사가 서려 있는 곳이다.

우리는 좁은 시골길을 헤매며 마지막 목적지인 은티마을을 찾았다. 마을 입구에 초등학교가 있었는데 마침 동창들의 운동회 날인지 사람들이 북적댔다. 좁은 길에 자가용까지 주차되어 있어 우리 버스가 통과하기엔 무척 힘이 들었다. 어찌어찌 해서 간신히 뚫고 들어가니 '은티마을'이라 쓰인 돌판이 우뚝 서 있고 주변에 큰 소나무들이 몇 그루 서 있었다. 마을은 사면이 초록빛 산으로 둘러싸여 누구에겐가 보호를 받고 있는 인상이었다.

나중에 들은 이야기지만 그 소나무들이 이 마을 지킴이 역할을 톡톡히 하고 있어 일제 시대에는 누군가 그 나무를 건드리거나 솔방울만 따도 해를 입었다고 한다.

은티마을.

그 예쁜 이름은 어디서 유래했을까. 정확한 뜻은 모르지만 왠지 맑고 깨끗하게 들렸다. 순진무구한 돌쟁이 아가의 얼굴처럼.

그곳에서 사목을 하고 계시는 연제식 레오 신부님이 마중을 나와 주셨다. 그분은 몇 년 전 이곳으로 들어와 귀농 사목을 하며 그림을 그리시는 분이라 했다. 생활 한복에 털고무신을 신고 수염을 기른 외모에서부터 자연인 그대로가 느껴지는 분이시다. 그분을 따라 사제관으로 올라가는데 굽이굽이 산길에 화양목이 주욱 심어져 있었다. 신부님이 손수 심은 것이란다. 신부님은 용케 그 잎새에 끼어 있는 벌레를 알아보고 한 마리 한 마리 잡아주시며 천천히 걷는다. 아무 말씀도 안 하시면서.

사제관이래야 자그마한 시골집이었지만 그래도 삼사십 명 미사를 드릴 수 있는 대청이 있었고, 화실도 딸려 있어 신부님께는 더없이 넉넉한 공간으로 보였다. 게다가 맑은 샘물이며 화단의 갖가지 꽃들, 손수 가꾸시는 텃밭의 채소들이 정말 풍요로웠다.

우리는 그런 자연이 한눈에 보이는 대청마루에 앉아서 환상적인 미사를 드렸다.

신부님은 속삭이듯 작은 목소리로 강론을 하셨다.

사실은 몇 년 전 목 수술을 해서 말씀하기가 힘들다며 겨우 강론만 하신다고 했다.

"누가 하느님을 무서운 분이라고 했습니까? 하느님은 꽃잎처럼 부드러운 분, 답답한 가슴을 시원히 쓸어주는 바람처럼 시원한 분. 한없이 자비로운 그분의 여성성이 바로 성모님 안에 나타나 있는 것입니다. 이곳은 지세가 여성의 자궁에 해당한다고 합니다. 내가 건강이 안 좋아 이 깊은 골로 귀농 사목을 왔지만 다 하느님의 부르심이 있어서 온 것임을 알았지요. 온갖 괴로움 다 지고 이곳에 왔던 사람, 하룻밤 묵고 밝은 얼굴로 돌아가는 걸 보면 보람을 느낍니다. 오는 사람 막지 않고 가는 사람 잡지 않으며 이렇게 지냅니다. 젊어서 많은 에너지를 소진했기 때문에 이제 이곳에서 찾아

오는 사람들에게 무언가 도움을 주며 기쁘게 살려고 합니다. 기쁨은 기가 뿜어져 나온다는 말이 아니겠습니까? 서로 미운 맘 갖지 말고 모든 것 용서하며 기쁘게 삽시다. 선교가 따로 있나요? 우리 행동 보고 외인들이 저절로 따르게 만드는 게 가장 좋은 선교지요."

아무 탐욕 없이 자연과 하나 되어 물 흐르듯 사시는 그분의 모습이 지극히 평화롭고 아름다워 보였다.

미사 후 성지를 둘러보았다. 우선 황석두 성인과 함께 충남 보령 갈매못에서 순교한 다블뤼 주교, 위앵 신부, 오메트르 신부 등 5인의 성인상과 함께 순교 현양비가 있고 최초의 한국인 주교 노기남 대주교의 동상도 건립되어 있었다. 그리고 그 터에서 발견되었다는 형구돌, 박해 때 죄인들을 죽이는 데 사용했다는 맷돌처럼 생긴 돌도 사적事跡으로 남아 있었다. 그 돌 주변에 묻어 있는 거무스름하면서 불그스레한 핏빛이 아직도 선연해, 보는 이의 마음을 섬뜩하게 했다.

그리고 마지막으로 내 눈길을 끈 것은 십자가의 길 14처 끝에 세워진 국내 최대라는 십자고상이었다. 예수님이 혼자 쓸쓸히 서 계시는 게 아니라, 그 아래로 왼쪽에는 성모님상, 오른쪽에는 사도 요한상이 함께 세워져 있어 눈길을 끌었다. 더구나 두 분은 십자가상에 못 박히신 예수님을 올려다보고 서 있는 모습으로였다.

여러 성지를 다녀봤지만 이렇게 대형으로 세 분의 상이 함께 서 있는 경우는 본 일이 없었기에 한참을 머물러 바라보며 묵상을 하게 되었다.

예수께서는 먼저 어머니에게 "여인이시여, 이 사람이 어머니의 아들입니다", 그리고 제자에게는 "이분이 네 어머니시다" 하고 말씀하셨다(요한 19,26-27).

십자가에 달리신 예수님이 돌아가시기 바로 전에 남기신 말씀, 성모님을 만인의 어머니로 선포하신 성서 구절이 떠올랐다.
아, 바로 이 순간이구나. 그 말씀을 들으며 두 분이 저렇게 예수님을 바라보고 서 계셨겠구나. 나는 성모님을 우리의 어머니로 모시도록 허락해 주신 주님의 마지막 말씀에 유난히 감사를 느껴온 터라, 세 분이 서 있는 대형 조상 앞에 한참을 서 있었다.
아까 신부님은 말씀하셨지. 바로 저 성모님의 모습이 하느님의 여성성이라고. 꽃잎처럼 부드러운 하느님의 여성성, 자애로운 인류의 어머니…
더구나 이 터는 구릉으로 둘러싸여 어머니의 자궁과 같은 곳이라 하니 성모님이 서 계실 자리로 제격이 아닌가. '은터'라는 마을 이름이 순진무구한 아기의 얼굴로 느껴졌던 것도 우연이 아니었던 것 같다. 우리는 성모님 품에서 다시 태어나 순진무구한 어린이처럼 하나가 되지 않으면 안 된다. 세상 탐욕 같은 것 다 접어 버리고 오직 주님을 향하여.

돌아오는 길에는 구름도 쉬어 넘는다는 문경새재까지 가 보았다. 소백산맥의 주봉인 조령산의 험준한 구비를 돌고 돌아 해발 1,017미터의 정상까지 올랐다. 그곳에서 잠시 내려 경상북도 문경 땅도 자신의 두 발로 밟아보고 왔다. 모진 박해 속에 은신처를 찾아 이 깊고 깊은 산골 문경과 새재를 넘나들며 한시도 마음 편히 살지 못했던 신앙의 조상들을 생각하면서.

사실 그분들의 피어린 순교가 아니었던들 우리가 어찌 이렇게 만천하에 드러내놓고 행복한 신앙생활을 할 수 있었겠는가.

그런데도 우리는 갈수록 작은 희생도 못 견뎌, 하나가 되기는커녕 갈기갈기 흩어지려 하고 있다.

하느님의 자녀로 성모 어머님을 본받아 가정에서나 사회에서나 나를 조금씩만 누르고 우리 모두 하나 되어 평화롭게 살아갈 날은 언제일까. (2002년 5월)

지각티스 강가에서

 지난겨울, 바오로 사도의 발자취를 따라 터키, 그리스 성지 순례를 다녀왔다. 그곳에서 넘치도록 섭취하고 온 자양분으로 몇 달 동안은 배불리 살 수 있을 것 같다.
 그중에서도 오래 기억하고 싶은 곳은 필리피의 지각티스 강.
 이곳은 바오로 성인이 리디아 부인에게 세례를 주었다는 곳이다.
 겨울이라 하얗게 눈 쌓인 산경을 바라보며 버스를 타고 필리피의 에그나티아 거리를 달렸다. 산마다 올리브 나무는 많기도 많았고, 들마다 목화나무 또한 많기도 많았다. 키 작은 목화나무는 까맣게 말라버렸건만 미처 못 딴 목화송이들이 드문드문 매달려 있어 눈꽃처럼 희끗거리고, 길 가장자리에도 바람에 불려온 목화송이들이 눈처럼 쌓여 있는 도로를 버스로 한없이 달렸다.

그 길 어디쯤에서 조금 안으로 들어서니 한적한 벌판이 나왔다. 거기에 폭이 5~6미터쯤 되어 보이는 지각티스 강이 흐르고 있었다. 겨울인데도 물이 어찌나 많은지 제법 콸콸 소리를 내면서 흐르고 있었다. 강물 속에는 십자가 모양의 커다란 돌이 묻혀 있었고, 강 가운데에는 미사를 드릴 만한 기도처가 마련되어 있었다. 판판한 돌바닥 한쪽에는 약간 높은 대臺가 있고, 거기에 동굴처럼 움푹 팬 돌을 세워 놓았다. 가까이 다가가 보니 그 안에 리디아 부인의 조각상이 세워져 있다. 자색 옷을 찰랑하게 늘어뜨려 입은 우아한 모습이다. 누군가 그분 발치에 꽃 공양을 해 놓아 더욱 아름다웠다.

강 주변엔 잡목들 사이로 몇 그루의 우람한 나무들. 멀리까지 한없이 뻗은 옥수수 밭. 그리고 강변에서 저만큼 떨어진 곳에 아담하고 깨끗한 경당이 하나 보일 뿐 주변은 조용했다.

우리가 구경에 여념이 없는 사이, 신부님과 수녀님은 부지런히 미사 드릴 준비를 하신다.

바오로 사도의 설교를 듣고 필리피인 가운데서 맨 처음 영세를 하고 자기 가족 모두를 개종시켰으며 사도 일행을 도와 성경 속에 영원히 살아 있는 리디아 부인. 바로 그분이 다정하게 우리를 지켜보시는 가운데 강물 소리를 반주 삼아 성가를 부르며 미사를 드리고 있자니 마치 꿈을 꾸는 것 같았다.

미사 중 '주님의 기도'를 드릴 때는 일행 스무 명 모두 손에 손을 잡고 둥글게 서서 노래로 바쳤다. 넓지 않은 기도처가 우리 일행으로 꽉 찼다. 은혜의 공간에서 철철철 흐르는 물소리와 함께 성가 소리 더욱 높이 울리고.

사도 루카는 바오로 일행의 전도 활동을 이렇게 적었다.

"안식일에는 유다인들의 기도처가 있다고 생각되는 성문 밖 강가로 나갔다. 그리고 거기에 앉아 그곳에 모여 있는 여자들에게 말씀을 전하였다. 티아티라 시 출신의 자색 옷감 장수로 이미 하느님을 섬기는 이였던 리디아라는 여자도 듣고 있었는데, 바오로가 하는 말에 귀 기울이도록 하느님께서 그의 마음을 열어 주셨다. 리디아는 온 집안과 함께 세례를 받고 나서, '저를 주님의 신자로 여기시면 저의 집에 오셔서 지내십시오' 하고 청하며 우리에게 강권하였다."

리디아 부인은 바오로 사도 일행만 집으로 초대한 것이 아니라, 우리를 이 머나먼 지각티스 강가로 초대해 준 것이다.
"필리피는 로마 식민지여서 로마 퇴역 군인들과 상인들이 모여 살던 이탈리아식 도시라, 유다인이 그렇게 많지는 않았기 때문에 강가에 기도처를 만들고 안식일이 되면 예배를 봤을 겁니다. 결국 그곳에 바오로 사도가 한걸음씩 다가가 전도를 하셨겠지요. 당시

자색 옷감은 티아티라에서 생산되었는데, 아주 귀하고 비싼 옷감이었다고 합니다. 그네는 고향에서 이 옷감을 수입해다 팔았던 것 같습니다. 그러니 그네는 돈 있는 부인이었을 것이고, 다양한 신들을 모시던 당시에, 얼굴도 없는 하느님을 공경했다 하니 예사 부인은 아니었을 것입니다."

미사 후, 가이드의 설명을 열심히 들으며 조금 떨어져 있는 경당 쪽으로 갔다. 지붕 끝의 둥그스름한 돔 때문인지 동화 속의 집처럼 정다웠다.

1973년에 리디아 여인을 기념하기 위해 지었다는데 아담하니 예쁘고, 새 건물이라 깨끗하기까지 했다. 입구에서 초를 봉헌하고 들어서자, 마주 보이는 곳에 바오로 사도, 리디아 여인의 모습을 담은 스테인드글라스가 보이고 그 옆으로 여러 사람들의 모습이 보인다. 바오로 사도가 전도 여행 때 함께 갔다는 실라스, 티모테오도 있었다. 천장에는 여러 모습을 담은 화려한 이콘이 번쩍인다.

이 경당은 지금 그리스 정교회에서 세례 줄 때 사용하고 있단다. 어른은 우리가 미사 드리던 강가에서, 아이들은 이곳 경당 안에 있는 커다랗고 둥그스름한 돌통 가에서 미지근한 물로 세례를 받는단다. 아무 때나 할 수 있는 것은 아니고 6개월 전에 예약을 해야 한단다.

구경을 마친 우리는 버스에 올라 추운 몸을 녹이며 필리피서를 읽는다. 바로 리디아 부인에게 세례 주며 복음을 전파하다가 에페소 감옥에 들어가서 필리피 신자들에게 보낸 서한이다.

"필리피 신자 여러분, 복음 선포를 시작할 무렵 내가 마케도니아를 떠날 때, 여러분 외에는 나와 주고받는 관계에 있는 교회가 하나도 없었음을 여러분도 알고 있습니다. 내가 테살로니카에 있을 때에도 여러분은 두어 번 필요한 것을 보내 주었습니다. 물론 내가 선물을 바라는 것은 아닙니다. 여러분에게 많은 이익이 돌아가기를 바랄 뿐입니다. 나는 모든 것을 다 받아 넉넉하게 되었습니다…."

가이드가 몇 마디 덧붙인다.

"바오로 사도께서는 남의 도움 받기를 몹시 꺼려, 검은 천막을 짜서 팔아 생활하셨지만 필리피 신자들의 진심만은 받아들였던 것 같습니다. 특히 리디아 부인의 도움은 상당히 컸을 것으로 생각됩니다."

아, 순 객지에서 부인의 도움은 사도에게 얼마나 큰 힘이 되었을까. 고마워라. 더구나 온 가족이 함께 세례를 받았다니 그의 표양이 어떠했을까 짐작되고도 남는다.

큰길로 나오니 다시 '에그나티아 거리'가 나왔다. 가도 가도 목화밭은 많기도 많다. 떨어진 목화송이가 거리에 하얗다. 집시들이 그것을 주워다 팔기도 한다니 대단한 목화 이삭이다.

곳곳에서 그리스 정교회를 만난다.

동실동실 나직나직한 지붕의 돔이 다정하고 평화스럽다. 터키에서는 뾰족한 첨탑의 사원을 보았는데, 그리스에서는 전혀 다른 인상의 정교회 건물이다. 사원의 첨탑은 로켓처럼 하늘을 찌를 듯 높이높이 솟아, 너무 날카롭고 도전적이어서 강한 남성미가 느껴졌고, 정교회의 지붕은 지상을 향해 다소곳이 앉아 있는 모습이라 아름다운 여성미가 느껴지면서 마음이 아늑해졌다.

더구나 그곳에서 아름다운 리디아 여인까지 만나고 왔으니.

이 천년이 지난 뒤까지 살아 계시는 부인이시여, 제게도 더욱 굳건한 믿음을 주소서.

나는 그분에게 감사하는 마음으로 묵주알을 돌리기 시작했다.

(2003년 2월)

수도원 집성촌 메테오라

　그리스 여행 중 인상 깊었던 곳을 들라면, 수도원 집성촌 '메테오라'를 뺄 수가 없으리라.
　지금은 6천 명 인구의 소도시, 아름다운 별장촌으로 늘 관광객들이 붐빈다는 곳이다.
　"저희 어머니는 이곳에 와 보시고 여기가 바로 천국이구나, 하셨어요."
　안내원이 웃으며 말했다.
　우리는 버스로 종일 달려와 늦은 밤에 도착했기 때문에 시커멓고 높다란 절벽에서 이상한 광채가 뿜어나는 것을 볼 수 있었다. 푸르스름한 불빛이 환상적으로 나타나 무언가 신비스러움이 숨어 있을 것만 같았다. 그것이 조명에 의한 빛임은 나중에 알았지만.
　이른 아침 산책 삼아 절벽이 있는 쪽을 찾아가 보고 나도 모르게 탄성을 질렀다.

야, 저건 절벽이라고 말해 버리기엔 미안하구나. 그냥 거대한 산이구나. 그런데 바위로만 된 산이구나. 저럴 수가. 저렇게 큰 바위가 어찌 존재한단 말인가.

수백만 년 전에는 바다 속에 잠겨 있던 것이라고 한다. 물이 빠지고 거대한 바위산이 나타나자 13세기부터 수도자들이 모여들기 시작했고 14세기부터는 수도원을 짓기 시작했단다. 속세를 피해 오직 주님과만 대화하고자 하늘과 맞닿은 저곳, 보통 사람이 오르지 못할 저곳을 찾아 은수자들이 모여든 것이라고.

이렇게 세상을 떠나 깊은 곳에서 수도하기 시작한 것은 이집트에서 맨 먼저요, 소아시아, 터키를 거쳐 그리스로 파급된 것이라는데, 성 안토니아도 맨 먼저 이 마테오라에서 수도한 분이라고 한다.

높이 수도원 오르는 길을 쳐다보니 무언가 빨래처럼 줄줄이 걸려 있는 것이 보인다. 얼핏 보기에 손수건 같기도 하고 옷 같기도 하다. 가이드에게 물으니 사람들이 자기 소원을 종이에 적어서 등산객들을 시켜 빨래집게로 그렇게 걸어둔 것이란다. 가는 곳마다 소원을 비는 방법도 가지가지. 어떤 데선 연못에 동전을 던지기도 하고, 어떤 데선 산꼭대기에 줄을 쳐 놓고 자물쇠 하나씩을 채우기도 하고.

"봄에 오면 정말 천국이지요. 온갖 풀꽃이 알락달락 곱게 피고 고사리는 또 얼마나 많은지 몰라요. 여러분도 봄에 오셨으면 더 좋았을 텐데."

가이드는 아쉬워하지만 나에겐 하얀 눈이 깨끗하게 쌓여 있는 지금도 좋기만 하다.

우리는 자동차를 타고 언덕까지 올라갔다. 산비탈을 깎아 만든 지그재그 길을 따라 계속 오른다. 신앙의 조상들에게는 송구스럽지만 편안히 버스를 타고 오른다. 여기저기 바위 중간에 구멍이 난 곳이 많다. 그게 바로 은수자들이 모여서 기도하던 곳이란다.

굽이굽이 계속 오르니 저 아래 길이 보인다. 눈 덮인 산경이 참으로 아름답다. 천국에 만일 빛이 있다면 저렇게 하얀 빛이 아닐까?

산중턱부터는 차에서 내려 걸어 올라갔다. 골짜기마다 바위틈을 헤집고 걸어서 올라갔다. 그 높은 곳에 여러 개의 수도원이 있었다. 가장 먼저 창건되었다는 큰 메테오론을 비롯해서 바를라암 수도원, 니콜라오 수도원, 스테파니아 수녀원, 룻사노 수녀원, 성삼위 수도원 등. 이곳은 처음엔 남자 은수자만 거주했는데 1400년경 그리스 여교우들이 많은 도움을 주었고, 제2차 세계대전 이후에는 여자 수도자들도 모여들어 스테파니아 수녀원을 건립했다고 한다.

우리는 바를라암 수도원을 보기로 했다. 해발 550미터의 석회석 바위 위에 세워진 수도원이다. 도대체 저 높은 바위 위로 건축 자재들을 어떻게 운반했다는 것인지. 이 수도원은 바를라암이라는 수도자가 짓기 시작한 것인데 무려 20년이 걸렸단다. 모든 자재를 광주리에 담아 끌어올려서 지었다니 어찌 20년이 안 걸리겠는가.

  수도원 입구에는 예수님과 사도 요한, 그리고 성모님 세 분의 그림이 벽화로 남아 있다. 마지막 떠나시면서 사도 요한에게 어머니를 맡기는, 그 숙연한 장면이다.

  안에도 벽화들이 대단하다. 교육용으로 그린 것인데, 언제나 제일 높은 곳에는 주님, 중간에는 12사도, 아래는 동방 교회 성인들, 이렇게 3단계로 나누어 성화를 그려 놓았다. 또 주님 재림의 모습, 천국과 지옥 모습, 천국의 열쇠를 들고 서 있는 베드로 성인의 모습, 아브라함과 성모님의 모습 등 다양한 프레스코화가 우리를 압도한다. 대단하다. 수도원 벽화 프레스코는 그리스 크레타 섬에서 맨 먼저 시작한 것이라고 안내원이 말한다.

  실내에는 오만가지 것이 다 있었다. 눈비를 받아서 식수로 저장한다는 식수 저장고, 추운 겨울이면 포도주를 마시며 추위를 녹였다는 1,200리터 이상 들이 큰 포도주 저장고도 있었다. 병원 자리도 있었는데, 간단한 수술도 했는지 몇 가지 의료 기구도 놓여 있고 작은 침상도 있었다. 수도자는 앓아누워 있을 때도 편안히 있으면 안 된다고 딱딱하고 삐걱이는 나무 침상을 놓았는데, 그것도 어찌나 작은지 겨우 몸만 뉘일 수 있는 것이어서 가슴이 아팠다.

  건물은 비잔틴 시대 때 것이라 붉은 벽돌을 많이 썼고 천장을 뚫어 스테인드글라스로 빛이 들게 했다. 건물 설계는 대개 십자가형으로 되어 있었다. 교회 중앙 바닥에도 십자가가 보인다. 그리스 어디를 가나 그런 모습의 양식이었다.

종도 걸려 있었다. 그것은 비상 연락을 위한 것이란다. 솥, 냄비 등도 놓여 있고, 도르래도 있다. 물건을 운반할 때 사용하던 것이란다. 저 밧줄로 광주리를 올리고 내렸나 보다.

밖으로 나오니 여기저기 들고양이들이 많다. 이 높은 곳에 웬 고양이? 하고 생각하다가 살아 있는 생명체임에 반가워서 그래, 너희들이라도 수도자들의 좋은 친구가 되어 드려라, 하며 등을 쓰다듬어 주었다. 하늘 아래 첫 동네라 햇살을 제일 가깝게 받으니 따스할 테지. 양지쪽에 앉아 한가로이 우리를 쳐다보는 고양이의 배웅을 받으며 그곳을 나왔다.

바위 계곡 사이로 조심조심 내려오다가 우연히 고개를 들어 하늘을 보았다.

오, 저 맑은 하늘. 숨이 턱 막힌다. 저것 좀 보세요. 저 하늘 좀!

앞뒤에 선 일행을 향해 외친다. 티 한점 없는 파랑. 순전한 블루. 바로 터키에서 본 보석, 터키석의 빛깔이 거기 있었다. 시커먼 바위산 사이로 선명히 보이는 터키색 하늘.

그 조화가 얼마나 아름다운지 모두들 걸음을 멈추고 탄성을 지른다. 청명한 하늘. 우리 가을 하늘보다 훨씬 강렬하다.

다음으로 그리스 정교회 여자 수녀 29명이 살고 있다는 스테파니아 수녀원을 구경했다.

　수도원 출입 때는 입구에서 준비해 둔 월남치마 하나씩을 얻어 입고 들어가게 되어 있었다. 아까 남자 수도원 것보다는 깔끔해 보여서 피식 웃었다.

　수녀님들이 직접 만들었다는, 교황님을 비롯한 사제들의 옷이 다섯 벌이나 걸려 있고 금박이 아름답게 장식된 성경책 표지, 미사 때 사용하던 성작, 향로 등도 진열되어 있었다. 굉장히 화려했다. 아름다운 이콘화도 많이 있었다. 그중 가장 인상적인 이콘은 성모님과 아기 예수가 볼을 부비고 있는 모습. 정말 정답고 아름다웠다. 사도들의 성경 필사본도 여럿 전시되어 있었다. 다양한 필체도 볼 만하거니와 그림까지 곁들여 있어 더욱 소중해 보인다.

　또 소년 예수가 어머니와 손을 잡고 있고 그 곁에 두 천사가 십자가를 들고 서 있는 모습, 사마리아 여자의 모습, 물고기 잡이 기적의 모습 등 벽 곳곳에서 온통 금박이 번쩍이는 이콘화가 눈길을 끌었다. 구내매점에서는 수녀님들이 이콘 등 기념품을 팔기도 했다.

　수도원 구경을 마치고 내려오는데, 우뚝 솟은 성채 아래 마을이 한눈에 보인다. 흐르는 강도 보인다. 이 높은 곳에 수도원을 지을 생각을 어찌 했을까. 광주리로 모든 자재를 실어 나르며 10년, 20년 집을 짓고 있었다니, 주님이 부르시지 않고서야 어찌 수도자 노릇을 할까 싶었다.

멀리 눈 쌓인 산이 병풍처럼 두른 곳. 갑자기 정면으로 안개의 바다가 나타난다. 눈은 눈대로, 안개는 안개대로 너무나 아름답다.

메테오라를 뒤로하고 긴 굽이 길을 버스로 내린다. 잘못하다간 안개의 바다에 빠질 듯하다. 내 비록 저 높은 곳에 집은 못 짓더라도, 이 길을 걸어서는 갈 수 있는데, 신앙의 조상들에게 미안해서 자꾸 걸어서라도 가고 싶지만 어쩔 수 없구나. 분위기에 취해서인지, 안내하던 현지 가이드가 성가 한 곡을 부르겠단다. 그리스 말인 모양이다. 우리는 답가로 성가 2번을 합창하였다.

"주 하느님 지으신 모든 세계, 내 마음속에 그리어 볼 때…"

여행할 때마다 느끼는 것. 가는 곳마다 어쩜 그렇게 다양하고 아름다운지.

오는 길에 이콘 공장에 들렀다. 여러 사람이 앉아서 직접 그림을 그리고 있었다. 바탕 그림을 그리는 사람, 물감을 칠하는 사람. 금박을 입히는 사람, 능숙한 솜씨로 착착 진행 중이다.

여러 자매들이 기념으로 이콘을 샀다. 성모님과 아기 예수가 볼을 부비고 있는 이콘이 대인기다. 모두들 모성애가 발동하여 그 모습이 가장 좋은 모양이다.

우리를 구원하기 위하여 인간으로 태어나신 아기 예수님 찬미받으소서.

일행은 소중한 보물처럼 이콘을 안고 다음 성지를 향해 버스에 올랐다. (2003년 1월)

난생 처음 경마장에 가다

언제부터 그런 인식이 들었던 것일까.

경마장이라 하면 나하고는 전혀 거리가 먼 곳이라 생각되어 가 볼 엄두도 내지 않았었다.

그런데, 지난 유월 어느 토요일,「문학의 집·서울」김후란 이사장님을 비롯한 회원 몇이 마사회의 초대를 받아 경마장 구경을 가게 되었다. 초청해 준 성의도 고마웠지만 힘차게 달리는 말을 상상하니 에너지가 솟는 것 같아 호기심을 가지고 기쁘게 응했다.

지하철을 두 번씩 갈아타며 서울대공원 쪽을 향했다. 사람들이 하도 많아 대공원 나들이를 가나 보다 했더니, 많은 사람들이 경마공원 역에서 내렸다. 더운 날씨에도 불구하고 웬 사람들이 이렇게 많을까. 나만 경마장을 경원시했던 것인가?

밖으로 나오는데, 계단 입구 여기저기서 상행위를 하고 있었다.

부채를 파는 사람, 모자를 파는 사람, 그리고 무슨 전단지를 들고 외치는 사람. 입구가 빽빽하도록 사람들이 진을 치고 있었다. 알고 보니, 그들이 손에 들고 외치는 것은 그날 경기에 관련된 유인물이었다. 어디를 가나 그곳에 맞는 질서가 있고 거기 따른 상행위가 있다는 게 실감되었다.

촌뜨기처럼 두리번거리며 인파를 뚫고 나오니 입구에서 멀지 않은 곳에 대기하고 있는 버스가 보였다. 우리는 일행이 다 모이기를 기다려 경마장으로 들어갔다.

우선 경내가 너무나 아름다워 탄성이 절로 났다. 갖가지 나무가 많기도 많았고, 길도 잘 닦여져 있었다. 경마장만 달랑 있는 것이 아니라 경마공원이 함께 있음을 비로소 알았다. 평소 때 가족 단위로 놀러오는 것은 물론, 경기도 지역 학교에서는 사생대회를 하러 오기도 한단다. 이렇게 좋은 휴식 공간이 있었음을 나만 몰랐던 것인가.

고맙게도 마사회의 홍보실장이 우리와 함께 차를 타고 돌면서 이곳저곳을 소개해 주었다. 친절한 매너에 음성도 좋고 말씨도 부드러워 효과는 배가 된 듯, 나도 모르게 좋은 청자가 되어 열심히 듣고, 둘러보는 곳마다 애정이 절로 솟았다.

우리는 마구간에 들어서서 말들을 가까이서 바라볼 수 있었다.

경주마라 대접을 받는 것일까, 그 큰 체구에 조금 좁다 싶긴 했지만 그들은 모두 독방을 쓰고 있었다. 입구엔 여물이 담긴 그릇과 물통이 놓여 있고 마구간 벽에는 말에 대한 신상명세서가 붙어 있었다. 말 이름, 생산지, 생년월일, 마주 이름, 경기 경력….

　마주는 말을 사서 이곳에 맡기면 공동 관리를 한다는데 한 달에 70여 만 원의 하숙비를 내야 한단다. 그게 못 미더워 자주 찾아와 자기 말을 살피기도 한다고. 나는 그 마음이 충분히 이해가 되었다. 1억 원 정도 돈을 투자한 것도 있지만 자기 말이 어찌 사랑스럽지 않으랴. 비록 덩치는 커도 눈을 마주치고 보니 어찌 그리 순해 보이는지. 먼 이국에서 팔려와 그리운 가족들을 기다리는 것은 아닌지, 안쓰러운 마음에 자꾸 뒤돌아보며 그곳을 빠져 나왔다.

　말 생산은 미국이 단연 최고. 켄터키, 플로리다, 캘리포니아, 텍사스, 뉴욕, 루이지애나, 메릴랜드, 오클라호마, 일리노이 등이고, 다음으로는 호주, 뉴질랜드, 유럽에서는 아일랜드가 최고, 영국과 프랑스도 한 몫 하고, 일본, 남아공, 브라질, 아르헨티나, 칠레, 그리고 우리나라도 제주에서 경주마가 생산되고 있다 한다.

　시설은 많기도 많았다. 경기 나가기 전에 검사를 받는 곳, 대기하는 곳, 말이 아프면 입원한다는 병원, 수술실… 수술실에서도 마음이 많이 아팠다. 경마 중에 넘어져서 다치기도 한다는데 수술을 받고 좋아지면 다행이지만 그렇지 못하면 제적을 당해야 한다니 그 불행은 어이할꼬.

　도대체 저들은 어쩌다 경주마가 되어 저 고생을 하는가.

만 2세가 되면 경매 전에 조교(경주를 하기에 적합하도록 훈련시킴)가 시작되는데, 말이 부상으로 주저앉을 때마다 너무 빠르게 조교시키는 것이 아닐까 미안해지기도 한단다. 하지만 조교 속도를 늦추는 것은 판매자나 경매사 양자에게 경제적 손실을 가져오므로 어쩔 수가 없다는 것이다. 조교 도중 크게 부상을 입으면 안락사도 불사한다니 참으로 못할 일이다.

돌아볼수록 시설은 훌륭했다. 계속 늘고 있는 여성 팬들을 위해 여성 전용 휴게실도 있고, 방송실은 물론, 컴퓨터 40대와 복사기, 프린터 등이 구비된 인터넷 정보 검색실도 설치되어 있었다.

이곳저곳을 둘러보고 경마가 시작되는 시간에 맞추어 우리도 관람석에 앉았다.

전광판에 말 이름, 기수 이름, 그들의 경력 등이 다 적혀 나왔다. 그걸 참고해서 자기 말을 정하고 베팅(돈 걸기)을 하란다. 그것은 고객 상호간에 돈을 거는 것으로 마사회에서는 그 돈을 최첨단 전산 장치에 입력해 보관하고 있다가 경주 결과가 확정되면 배당금을 배분해 주고 일정량의 수수료만 떼는 것이란다. 그리고 그 수익금은 각종 사회 공익 기금으로 쓰이고 있는데 그중 가장 많이 쓰이는 곳이 축산 발전 기금, 농어민을 위한 기금, 예술 단체 지원금 등.

우리는 레저로서 즐기는 것이니까 각자 만원 한 장만 걸기로 하고 직원의 도움을 받아 적당히 찍어서 베팅을 했다. 옛날에는 등수

조작이 조금은 가능했을지 모르지만 지금은 최첨단 모니터에 정확히 나와 공정성에는 아무 문제가 없다고 한다.

기수는 말이 느낄 중량감 때문에 몸무게가 50킬로그램이 넘으면 안 된다고, 모두 작고 날씬했다. 그런 점에서는 여자가 유리할 듯.

금년 5월에는 최초의 여성 기수도 탄생하여 열심히 뛰고 있다고 한다. 말은 하루에 1회밖에 못 뛰지만 기수는 인기에 따라 하루에 6회까지 뛸 수 있단다. 기수는 경마장의 꽃. 나름대로 멋진 빛깔, 멋진 디자인의 자기 옷을 맞춰 입고 말에 올라 출전 채비를 하고 트랙에 나타난다. 야, 멋지다. 과거에 귀족들의 스포츠였다는 말이 실감되었다.

드디어 발주 위원이 출발 신호를 울리자 말들이 일제히 우르르 뛰어나간다.

와! 저 힘, 저 스피드, 저 소리!

환성이 저절로 터져 나왔다. 혼신의 힘을 다해 달리는 말들. 1,000미터를 1분 8초 내에 주파해야 경주마로서의 자격을 얻는다니 그 빠르기가 어느 정도인지 짐작할 수 있으리라.

말발굽 소리는 또 어떤가. 그것은 천둥 우레 같았고 수백 대의 북소리와도 같았다. 모두들 일어서서 소리를 질러댔다. 나도 도저히 그냥 앉아 있을 수가 없었다. 벌떡 일어나 마구 탄성을 지르고 손뼉을 쳐댔다. 일행은 자기가 베팅한 말이 눈앞에 보일 때마다 함성을 지르는데, 붉은 악마가 따로 없었다.

그 짧은 순간에도 나와 관계를 맺었다고 여간 애정이 가는 게 아니었다. 그것은 돈을 따고 안 따고의 문제가 아니라 전적으로 내가 찍은 말에 대한 사랑의 표시였다. 우리는 축구 경기 못지않은 재미를 느끼고 건전한 레저 문화라는 사실을 완전히 인정했다.

결과가 나오자 잃은 사람, 딴 사람, 어쨌건 일행은 평균 7천 원쯤을 소비하고 그곳을 나왔다. 영화 한 편 값으로 정말 잘 즐긴 하루였다.

2004년은 우리나라에 경마가 시작된 지 82주년이 된단다.

그토록 오랜 역사가 있었나? 그동안 나만 그렇게 부정적 이미지를 가지고 있었나? 귀족 스포츠라는 인식과 더불어 일종의 도박이라는 선입견 때문에 전혀 딴 세계로 알았던 듯.

"제발 돈을 따러 온다는 생각보다 신나는 스포츠를 함께 즐기러 온다고 생각해 주십시오. 오늘도 여러 분 돈을 잃었다고 생각지 마시고 발전 기금 내놓고 간다고 생각해 주세요. 그리고 어디든 나들이 나가면 그만한 돈 안 쓰고 어떻게 즐깁니까? 돈을 잃었다고 생각하는 게 제일 문제입니다. 그냥 놀러 와서 돈 얼마 쓰고 간다, 라고만 생각하시면 됩니다."

그렇다. 나는 그날 축산 발전 기금 7천 원을 내놓고 펄펄 뛰게 재미난 경기, 생동감 넘치는 경마를 즐기고 왔다.

내가 대학생이라면 그곳에서 왕들의 스포츠라는 경마를 즐기며 데이트를 해도 되겠는데….

돌아오는 길, 나는 다시 생각에 잠겼다.
저들은 어쩌다 경주마가 되어 저토록 고달픈 삶을 살까.
하루에 한 번밖에 뛸 수 없고, 한 번 출전한 뒤에는 4주간을 쉬어야 한단다. 그렇게 혼신의 힘을 다해 달렸으니 당연한 일이다. 만 두 살부터 시작하여 열 살 전에는 퇴역하게 되며, 그곳에선 죽은 말들을 위해 '위령제'도 지낸다고 한다.
넓은 들에서 자유롭게 자라는 야생마. 그리고 시골집에서 수레를 끄는 노동마. 그리고 오늘 본 경주마.
과연 어느 쪽이 가장 행복할까. 아니, 행복까지는 아니더라도 내가 만일 선택할 수 있다면 어느 말이 될까. (2004년 7월)

헤밍웨이의 집

　미국 최북단에서 U.S. 1번 도로를 타고 남으로 남으로 끝까지 내려가면 플로리다 주가 나온다. 그 도로는 마침내 미 대륙의 끝에서 대서양을 가로질러 미국의 최남단 섬 키웨스트까지 이어진다. 신기하기도 하지. 바다를 뚫고 길을 연결하다니.
　미국 젊은이들이 신혼 여행지로 가장 선호하고, 노인들은 휴양차 나들이를 간다는 키웨스트.
　그곳엔 '헤밍웨이의 집(Earnest Hemingway Home)'이 있어 관광객에게 더욱 인기가 높다고 한다.
　오래 전 캐나다로 이민 간 사촌동생이 사업에 성공하여 플로리다에 별장을 갖게 되자, 헤밍웨이의 집을 보여 준다고 퇴직한 나를 플로리다로 초청했다. 키웨스트까지는 자동차로 8시간 남짓 걸렸는데, 가는 도중 한도 끝도 없이 천연 그대로의 숲이 이어져 있어 놀라웠다.

　이튿날 아침 일찌감치 헤밍웨이의 집을 찾았지만 벌써부터 매표소 앞의 줄은 길었다. 노부부에서부터 어린이까지 주로 가족 단위로 보였다. 요금은 어른 7.50달러, 어린이 4.80달러.

　대문 안으로 들어서자 잘 가꾸어 놓은 정원이 먼저 보인다. 1월이지만 섭씨 25도가 넘는 온도라 온갖 나무와 꽃들이 풍성하다. 그런데 나무나 풀보다 더 많이 눈에 띄는 것이 있다. 고양이다.

　여기도, 저기도, 아니 저기도, 또 저쪽에도… 웬 고양이가 이렇게 많을까.

　걸어가는 놈, 웅크리고 앉아 있는 놈, 눈을 부라리고 이쪽을 보는 놈, 눈을 간잔조롬 감고 자울자울 조는 놈, 참으로 가관이다. 모양도 가지가지. 털빛도 가지가지.

　헤밍웨이는 본래 고양이를 좋아했는데 자기 집이 없어 못 키우다가, 1931년 자기 소유로는 처음으로 이 집을 구입해 1940년까지 살면서 본격적으로 고양이를 키우기 시작했단다. 처음에 발가락 6개짜리 고양이를 키운 것이 계기가 되어 기형 고양이를 많이 길렀다. 이웃에서 어쩌다 기형 고양이가 나오면 '헤밍웨이 고양이'라 이름을 지어 그 집으로 가져올 정도였다고 한다.

　고양이들은 할머니, 손자, 증손자… 거듭 수가 불어 현재 55마리나 된단다. 애당초 기형 고양이를 데려온 것도 많지만 그들은 집안에만 살고 있으니 근친 교미를 할 수밖에 없어 불구가 많다고.

하여간 어찌나 다양한지 고양이 전시장을 구경하는 것만 같았다.

헤밍웨이는 어떤 바에서 버린 남자들 소변기통을 주워다 길게 눕혀 놓고 고양이들이 물을 마실 수 있도록 구유를 만들어 주었다는데, 그것이 지금도 관광 전시용으로 정원 가운데 놓여 있었다.

그는 첫째 부인과 파리에서 살다가 헤어지고 이 집에선 둘째 부인과 살았다. 아들 둘을 낳은 둘째 부인은 사치가 심했다. 당시 8천 달러짜리 고급 주택을 화려하게 꾸민 것은 물론, 헤밍웨이가 남미에 갔다 오는 사이 권투 연습장이 있는 뜰에다가 수영장을 만들어 버렸다. 당시로선 마이애미, 쿠바를 통틀어 수영장이 있는 집은 아무 데도 없었다. 수영장을 만드는 데 2만 4천 달러가 소요되었다는데 집값의 세 배였다. 헤밍웨이는 너무나 놀라서 부인에게 화를 내며 우리가 먹고 살 것은 이뿐이라며 일 센트짜리 동전을 던졌다. 그 동전이 기념주화로 아직껏 수영장 뜰에 묻혀 있다고 한다.

헤밍웨이도, 부인도 없는 집이지만 수영장에 물은 가득하였다.

현관에서 첫 번째 방으로 들어섰다. 그가 쓰던 나무 의자, 그림, 사진들. 그중 한 노인의 사진이 유난히 커 눈에 띄었다. 그는 지금 백 살이 넘은 노인으로 쿠바에 생존해 있다는데, 헤밍웨이의 친구이자 그가 소유했던 배의 선장으로 『바다와 노인』의 주인공이기도 하단다.

또 다른 방으로 들어서니 상어 사진, 표범 사진, 전쟁 때 부상을 입고 병원에 누워 있는 헤밍웨이 자신의 사진 등이 걸려 있어 그의 소설 제목들을 차례로 떠올리게 했다.『바다와 노인』,『킬리만자로의 눈』,『무기여 잘 있거라』등.

2층으로 올라가니 거실에 많은 사진이 걸려 있었다. 네 명의 부인과 세 아들. 그런데 아주 예술적인 고양이 조각품이 눈에 띄었다. 안내인이 설명을 한다.

헤밍웨이 사후 어떤 부인이 이 집을 80만 달러에 사들여 기념관을 만드는데, 뜰에서 이상한 사기조각을 발견하고, 이리저리 꿰어 맞추니 고양이 모습이 나왔다. 그걸 잘 붙여 원상으로 만들어 보관했다. 훗날 기념관이 문을 열자 첫째 부인이 구경을 왔다. 그네는 그 조각품을 보더니 파리에 살 때 피카소가 남편에게 선물로 만들어 준 것이라고 굉장히 반가워하더라는 것이다. 듣고 보니 피카소 냄새가 물씬 났다. 어쩐지 색채도 모양도 예사롭지가 않더니.

그밖에 목조 가구도 많이 있었는데, 부인이 18세기 스페인식 가구를 구입한 것이라고. 천장엔 화려한 샹들리에. 그리고 거실 한쪽엔 귀족처럼 꾸며 놓은 욕실. 부엌 가구도 대단했다. 그 옛날에 갖출 것은 다 갖추고 살았다. 나지막한 냉장고. 네 구멍짜리 가스레인지. 멋진 술잔들. 아휴. 헤밍웨이는 피 말리며 글을 쓰고, 부인은 호사만 누렸구나 싶었다.

작업실은 이층에 있었다.

창고를 개조했다고 하는데 1940년 쿠바로 떠날 때까지 이곳에서 대부분의 작품을 썼고, 『바다와 노인』만은 쿠바에서 썼다고 한다. 개가식 서가에 고풍스런 책들이 주욱 꽂혀 있고, 가운데 둥근 탁자, 그 위에 조그마한 타이프라이터, 그리고 책 몇 권. 가장자리엔 긴 안락의자, 때 묻은 여행용 트렁크, 회색빛 천가방, 작은 손가방, 낡은 시계.

벽엔 사슴 조각이 걸려 있고, 헤밍웨이가 자기 배 옆에 서 있는 모습, 바다와 돛단배가 그려진 그림도 걸려 있다. 헤밍웨이의 의자에는 커다란 고양이 한 마리가 앉아 있고.

둘째 부인은 얼마나 사치스러웠는지 화장실 타일도 이탈리아제로 했고. 천장에 화려한 샹들리에도 달아 놓았다. 남편과 10년을 살고 남편이 쿠바로 떠난 뒤에도 혼자 그 집에 살았고, 1961년 헤밍웨이가 죽은 후에 처음 샀던 값의 열 배를 받고 어떤 돈 많은 여인에게 팔아 거금을 챙겼다고 한다.

헤밍웨이는 쿠바에 가서 셋째 부인과 살고, 다시 넷째 부인을 만나 미국 아이다호로 건너가 2년쯤 살다가 자살로 생을 마감하고 말았다. 부인을 넷씩이나 바꾸고도 고독을 해소하지 못해 스스로 목숨을 끊어야 했던 헤밍웨이. 그의 불행은 어디서 왔을까. 그도 하느님을 알았더라면 덜 외로웠을 텐데... .

그가 자주 가서 멋진 폼으로 앉아 술을 마셨다는 '슬로피 조 바'도 둘러보았다. 그곳에서는 그를 기념하기 위해 매년 축제를 연다는데, 백일장은 물론이고 누가 가장 헤밍웨이를 닮은 차림을 하고 나왔는지 심사를 해 시상식도 갖는단다.

헤밍웨이는 갔지만 키웨스트 섬 곳곳에, 그곳 사람들의 가슴에 그는 영원히 살아 있었다. (1999년 2월)

로키 산 중턱에서

금년 봄 30여 년 교직 생활을 마무리 지은 나는 신록이 어우러지는 초여름을 맞아 긴 여행길에 올랐다. 그중에서도 캐나다 토론토에 사는 동생 내외와 함께 7월 한더위에 로키 산을 둘러보게 된 것은 어느 여행보다 아름다운 추억이 될 것 같다.

우리는 캘거리 공항에서부터 차를 빌려 직접 몰고, 로키 산 속에 있는 작은 마을 '밴프'에 숙소를 정한 뒤, 나흘 동안 산 주변을 구경하며 돌아다니고 있었다.

로키!

하루 종일 차를 몰아도 끝날 줄 모르는 산 산 산. 위풍당당하게 서 있는 각양각색의 절벽, 한여름 더위도 아랑곳없이 두터운 눈 이불을 덮고 누운 산봉우리, 계곡 사이에서 흘러내리는 하얀 실타래 물, 쪽 곧은 몸으로 나지막한 곳에서 보초를 서고 있는 전나무들,

찻길을 따라 굽이굽이 흐르는 강물, 그 강물가로 끝없이 뻗어 있는 기찻길, 그 높은 산허리에 한도 끝도 없이 뻗은 자동차길….

물론 그 적막강산에 잘 닦인 자동차길을 만든 것도 대단했지만 아슬아슬한 강벼랑에다 저 긴 철로는 어떻게 놓았을까. 보나마나 가난한 백성들이 불려와 고생했을 테고 많은 희생자들이 나왔겠지. 훌륭한 문명이나 문화를 창조하는 과정에서 어쩔 수 없이 발생하는 희생자들의 원혼은 어떻게 달래줄 수 있을까. 나도 모르게 그들을 위한 기도가 절로 나왔다.

그런데 우리가 '제스퍼'라는 곳을 향해 달리는 도중이었다.

어느 지점에서 조금 널찍한 갓길을 발견하고 잠시 주변 경치를 구경하자며 차를 세웠다. 마침 다른 차도 한 대 거기 서 있었고 얼핏 한 중년의 신사도 보였다. 우리는 갓길 끝에 서서 저 아래 소용돌이치는 냇물을 바라보았다. 콸콸 소리까지 내며 흘러가는 물을 보고 있자니 어지럼증마저 느껴졌다. 냇물이라기엔 내의 폭도 넓었고 물의 양도 많아 보였다.

고개를 들고 망원경을 꺼내어 높은 봉우리에 쌓인 만년설도 구경했다. 생각보다 눈이 많이 쌓여 있다. 아무리 적게 잡아도 두께가 2미터는 넘겠다며 우리는 탄성을 질렀다.

그렇게 구경을 신나게 마치고 자동차에 오르려 할 때였다.

아뿔싸! 이게 웬일인가. 자동차 문이 잠겨 있는 것이 아닌가.

세상에, 이를 어쩌나!

"아니, 당신이 문 잠갔어?"

"아니, 당신, 열쇠 끼워 놓고 내렸수?"

제부는 잠깐 내렸다 오를 것이기에 열쇠를 빼지 않았고, 동생은 무의식중에 잠금 버튼을 누르고 내린 것이다. 두 사람은 서로를 탓하며 화를 내고 언성을 높였다.

이럴 수가, 이 첩첩 산골에서 이럴 수가!

바람마저 쌩쌩 불어 춥기까지 한 이 적막강산에서 이를 어쩐단 말인가. 겉옷이라도 걸치고 나올 것을… 금세 온몸이 떨렸다. 조금 전 우리랑 구경하던 차도 이미 떠나버리고, 사방을 둘러봐야 사람 하나 없다. 한국 같으면 금세 연락이 되고, 보험회사에서 달려올 텐데… 하며, 나는 서로를 탓하는 두 사람을 달래고 있었다. 속수무책. 십 분, 이십 분, 시간은 계속 흐르고 있었다.

그때였다. 저쪽에서 차 한 대가 달려온다. 나는 다급한 김에 얼른 뛰어가 손짓을 했다. 고맙게도 차가 멈추었다. 나는 구세주라도 만난 듯, 동생을 불러 빨리 도움을 청하라고 말했다. 동생이 빠른 영어로 이쪽 사정을 이야기했다.

그는 차의 시동을 끄고 내렸다. 부부가 타고 있었는데, 자기네들은 독일에서 온 여행객이란다. 남자가 트렁크를 열더니 큰 여행 가방에서 옷걸이 하나를 꺼내들고 우리 차로 다가왔다. 그가 옷걸이 철사를 펴서 갈고리를 만들어 가까스로 유리문 사이로 집어넣고

창문에 달린 잠금 버튼을 끌어올리려 갖은 애를 쓴다.

그 긴장된 시간을 어이 다 설명할 수 있으랴. 될 듯 될 듯하다가 놓치고, 다시 끌어 올렸다 놓치고, 생각보다 정말 어려웠다.

그러자 부인이 다시 트렁크로 가더니 다른 옷걸이를 가지고 온다. 먼저 것보다 좀 더 강하게 보인다. 그가 얼른 받아 펴서 다시 시도해 본다. 바람은 쌩쌩, 그도 역시 겉옷을 걸치지 않고 나와 얇은 티셔츠가 추워 보인다. 덜덜 떨면서 당겼다 놓쳤다 실랑이하기 20여 분, 마침내 잠금 버튼이 '찰칵' 하고 열린다.

아, 그 순간의 환희를 어이 다 설명할 수 있으랴.

그의 부인까지 합해서 우리들 관객 네 사람은 죽였던 숨을 몰아쉬며 손뼉을 쳐대었다. 당사자도 물론 자신의 성공을 기뻐하며 긴장을 풀고 활짝 웃었다.

그때 동생이 지갑을 열고 지폐 한 장을 꺼내 그에게 건넸다. 수고하셨어요. 정말 감사합니다. 동생은 허리를 조아리며 고마움을 전한다. 그러나 그는 펄쩍 뛴다. 몇 마디 옥신각신, 그는 끝내 받지 않고 오히려 호주머니에서 무엇인가를 꺼내어 우리에게 준다.

그것은 손바닥만한 책자였다. 가면서 보란다. 우리는 몇 번이나 고개를 주억거리며 감사의 인사를 나누고 차에 올랐다.

나는 그분에 대한 예의로라도 어서 읽어보라고 동생을 재촉했다.

그 책의 제목은 "My Search".

동생이 빠르게 동시통역으로 읽는다.

내용인즉 우리가 궁극적으로 찾는 것은 무엇일까? 그것은 돈도 아니요, 명예도 아니요, 우리의 공허한 마음을 채워 주는 신앙, 오직 하느님 품에 안기는 것, 그것만이 궁극적으로 우리가 찾는 것이라는 것...오오, 바로 선교용 소책자였던 것이다.

그러면 그렇지.
주님 손길 없이 오늘 같은 기적이 어찌 이루어졌겠는가.
그 독일인 신사야말로 바로 하느님이 보낸 '천사'가 아닌가.

주님,
로키 산 중턱에서 한 신사를 통해 우리 앞에 나타나신 주님,
감사합니다.　(1999년 8월)

한 계단만 더 오르면
– 인도에 다녀와서

지난겨울 인도의 여러 도시를 구경하고 왔다.

그동안 책에서 읽고, 여러 사람으로부터 여행담을 들어왔지만, 실제로 보니 놀라운 게 한두 가지가 아니었다. 많은 것은 인구뿐만이 아니었다. 다종교, 다신多神, 다신분(카스트), 다문화유산, 다거지, 다악취, 다먼지…

가이드는 한국어에 능한 인도 엘리트 청년이었는데, 뜻밖에도 자기 나라에 대해 비관적이었다. 세계의 많은 사람들이 인도의 급부상을 기대하고 있지만 자기가 보기엔 종교 문제, 카스트 문제, 빈부 격차 문제 때문에 안 된다는 것이었다. 게다가 결혼 때 여성의 지참금이 너무 많아 딸 가진 부모는 물론, 여성 당사자의 고통이 죽음을 초래하는 등 여러 악습도 큰 문제라는 것이다.

주 종교는 힌두교이지만 이슬람교, 지나교, 시크교, 불교 등이 난립해 있고, 그중 이슬람교도가 걷잡을 수 없이 늘어나는 것도 문제라고 했다. 그들은 한 남자가 세 아내까지 얻을 수 있어, 아이를 열댓 명씩 낳는 건 보통인데 교육은 안 시키고 종교만 대물림한다고 한다. 2002년부터 세계적으로 이슬람교도가 가톨릭 인구를 능가한 이유를 알 것 같았다. 아닌 게 아니라 사원 주변에는 수많은 사람들이 노숙을 하고 있었고, 구걸하는 아이들이 벌 떼처럼 달려들어 한 걸음 내딛기도 힘들었다.

'뭄바이'에서는, 무저항 운동을 통해 인도의 해방을 성취시킨 박애주의자, 위대한(마한) 영혼(아트마)으로 온 국민의 존경을 받는 '마하트마' 간디 기념관도 구경했다. 1917년부터 34년까지 뭄바이에서 독립운동 했던 것을 기념하기 위한 조촐한 박물관이었다. 간디는 본래 부잣집 아들로 영국 유학 후 변호사가 되었는데, 아프리카 여행에서 가난한 사람을 보고 느낀 바가 많아 내핍생활을 하기로 결심하고, 영국 옷을 입지 말고 자기 나라에서 물레로 자은 옷만 입자며 가가 호호 물레 사용을 권장했다고 한다. 평생을 베옷만 입은 것은 물론, 그것도 옷감을 조금이라도 절약한다고 무릎 위까지만 오도록 반바지 차림을 했다니, 그의 의지가 어떠했는지 짐작이 갔다.

  기념관에는 그에 대한 상징물로 물레를 만들어 진열해 두었고, 물레가 새겨진 인도 국기도 걸려 있었다. 그리고 그의 전 생애를 인형으로 재연하여 한 눈에 알아보게 전시해 두었는데, 독립운동 하다가 잡혀간 영국 재판정에서 자기 스스로 변론하고 서 있는 장면이 퍽 인상적이었다.

그는 죽기 전에 독립을 보았으나, 일년 후 불행히도 같은 힌두교인에게 피살되었다. 독립 당시, 이슬람교도들을 파키스탄으로 보낼 때, 인도에 남아 살겠다고 하는 사람을 강제로 쫓지 못하고 남겨둔 것에 대한 불만이었다는 것이다. 아닌 게 아니라 오늘 날 그것이 화근이 되어 무슬림이 30%를 넘으면서 인도의 종교적 문제로 대두되고 있어, 간디의 처사가 재평가되고 있다고 한다. 과연 어느 쪽이 옳은 선택이었을까.

암살당한 장소 '델리'에도 들렀다. 그가 기거하는 곳 건너편에 사원이 있어 아침저녁 기도하러 다녔는데, 저녁 기도하러 가다가 사원 앞에서 암살을 당했다고 한다.

그곳에서 인도에 갈 때 꼭 보고 싶었던 것 중 하나인 보리수나무도 실컷 보았다.

몸통은 여인의 살결 같이 하얗고 부드러웠으며, 밑에서부터 여러 개 가지로 함께 올라간 둥치가 마치 중생을 말해 주는 것처럼 보였다. 잎은 미루나무 잎 비슷한데 끝에 뾰족한 꼭지 같은 것이 붙어 있어 쉽게 구별이 되었다. 나무 자체에 거룩한 기운이 배어 있는 것일까. 깨달음을 얻기 위해 수행자들은 그 나무 아래로 몰려

들었다지. 수백 년 넘은 나무 둥치를 내 아름으로는 껴안을 수도 없어 온몸을 기대보곤 했다. 평소 즐겨 부르는 슈베르트의 '보리수'를 부르면서.

 가장 인도다운 도시 '바라나시'에도 갔다. 신으로 모심 받고 아낌없이 음식을 공급받아 불뚝한 배를 자랑하며 거리를 어슬렁거리는 소들…. 그 곁에서 어른 애 할 것 없이 병약한 모습으로 손을 내미는 걸인들…

 온 인도 사람들이 성역으로 여기는 갠지스 강변에는 더욱 진풍경이 펼쳐지고 있었다. 주민들이 쏟아 놓은 누런 실례 덩어리들, 죄를 씻는다고 차디찬 강물에 몸을 담그는 사람들, 거기서 시체를 태워 뼛가루를 강에 뿌려야 열반에 든다고 곳곳 화장터에서 노릿한 냄새를 풍기며 타오르는 불꽃, 모락거리는 연기, 어린이는 죄 없으니 그냥 버리는 거라고 물 위에 둥둥 떠가는 시체들….

 그 모든 것을 눈앞에 보면서도 갠지스 강물은 성수라고 꿀컥꿀컥 떠 마시는 인도 사람들!

 각 종교의 사원을 구경하면서도 느꼈지만 갠지스 강의 진풍경을 보면서 모든 사람이 궁극적으로 원하는 것은 딱 하나임을 알았다.

 사원 벽마다 조각이나 그림으로 새겨둔 천국!

 결국 그들이 바라는 것은 '영원한 생명'에 대한 희망이었던 것이다. 하느님이 우리를 지으셨으니 그분께로 돌아가고자 하는 귀소 본능은 당연한 귀결이련만 아직도 아버지 하느님을 모르고 헤매는 그들이 안타깝기 그지없었다. 그들이 그토록 열광하는 종교에서 한 계단만 더 올라가면 하느님을 만날 수 있을 텐데….

테레사 수녀님이 왜 이곳에 머무셨는지 백번 이해가 갔다. 그 덕분에 남인도에는 그리스도교가 조금씩 번지고 있다 하니 그나마 다행이라는 생각이 들었다 .

불교 미술의 정수인 석굴을 비롯해 세상에서 가장 아름다운 문화유산 타지마할을 소유한 나라, 위대한 영혼 마하트마 간디의 나라가 왜 그토록 어둠의 세상에서 헤매고 있을까.

일찌감치 보물을 알려준 신앙의 조상들, 자랑스런 한국의 순교 성인들께 새삼 감사하며 그들에게 하느님을 알리는 것이 급선무라는 생각만 하고 왔다.

우리가 하느님을 찾은 것이 아니라, 하느님께서 우리를 뽑았다 하셨는데, 제발 아버지께서 그들을 불러 주시고, 그들 또한 주님의 목소리를 놓치지 않기를 간절히 기도하며 왔다.

아버지, 그들에게 자비를 베푸소서. (2006년 1월)

아키타 성모님의 눈물

1999년 10월 15일, 나는 200여 명 교우들과 함께 아키타 성지 순례길에 오르는 행운을 얻었다. 우리는 직항으로 그곳에 도착했는데, 이상하게 우리 일행 외에 사람이 없었다.

숙소인 사토미 호텔에서 공항까지 마중 나와 있는 버스를 타고 시가지로 들어섰다. 소문대로 차들은 왼쪽으로 달리고 있었다. 영국과 일본이 오른쪽에 운전석을 둔다는 것을 이미 들어 왔지만 직접 보니 너무나 신기했다. 우선 차에 오를 때 문이 왼쪽에 있어 당황했고, 거리를 달릴 때도 좁은 2차선 길에서 다른 차들이 오른쪽에서 달려오니까, 마치 우리가 차선을 잘못 들어 앞차와 충돌할 것만 같아 불안하기 짝이 없었다.

고개를 들어 멀리 바라보니 아늑한 시골 정경이 한눈에 들어왔다. 하늘하늘 흔들리는 억새풀, 집 주변 여기저기에 빨간 감이 대롱대롱 매달린 감나무. 가을의 정취가 내 고향과 다름이 없었다. 게다가 이 고장의 이름 아키타가 한자로 추전秋田이라고 쓰여 있어 아아, 가을날 가을밭에 왔구나, 하며 미소 지었다.

　호텔에 도착하자 일렬로 서 있던 종업원들이 허리 굽혀 인사를 하는데 저게 바로 일본인의 친절이구나 싶었다. 방을 배정받아 들어가니 그곳 특유의 발가락 슬리퍼와 유까다가 놓여 있었다. 다소 불편했지만 그들 생활 방식을 따를 수밖에.
　드디어 101번의 눈물을 흘리셨다는 성모님을 뵈러 갔다. 성모님이 계신 곳은 여성 수도자들의 모임인 '성체 봉사회'라는 이름의 작은 경당이었다. 그 바로 옆에는 절이 있었다. 그 거리가 너무 가까워 조금 우스웠으나 일본은 불교가 더 왕성한 나라라는 생각, 또 종교 다원주의라는 차원에서 곧 이해가 되었다.
　성모님이 계신 방은 하도 좁아서 조별로 들어가야만 했다. 다른 조들은 야외 미사 장소에서 묵주 기도를 드리기로 하고, 운 좋게도 1조인 우리가 맨 먼저 들어갔다. 가정집의 안방 같은 그곳에 성모님은 나무 조각품으로 서 계셨는데, 생각보다 자그만 체구였다.
　전신상 높이가 68센티미터라고 한다. 뵙자마자 넘치는 기쁨을 맛보지 못하고 그따위 이성이 작용하고 있음에 몹시 죄송스러워 "어머니, 용서하세요" 하며 어깨를 움츠렸다. 나는 조금 더 머물면서 성모님과 대화하고 싶었으나 다음 조에게 자리를 물려주어야

했기에 서둘러 그곳을 나왔다.

  다음으로 성체 조배실에 들어갔다.

  지도 신부님께서는 왜 그 많은 사람들 중, 나를 이곳에 부르셨나, 그것에 대해서 진지하게 묵상해 보라고 하셨다. 그곳에서는 침묵을 약속했기에 계속 묵상을 하면서 수녀님들이 손수 가꾸었다는 아름다운 '마리아 정원'의 야외 미사 장소로 갔다. 일행들은 계속 묵주 기도를 드리고 있다가 차례가 되면 한 조씩 나가 성모님을 뵙고, 성체 조배를 드리고, 모두 제자리로 돌아오기를 기다려 미사를 드렸다.

  지도 신부님은 고창 성당에서 오신 김기수 신부님이셨는데, 고해성사 못 본 사람들도 여기까지 왔으니 영성체를 하도록 허락해 주셨다. 돌아가 성사 볼 것을 약속하는 조건을 달긴 했지만 멋진 파격이 아닌가.

  날씨가 매우 추웠다. 땅바닥에 오래 앉아 있자니 으슬으슬 한기가 들었다. 이런 희생도 없이 어찌 성모님을 뵐 수 있으랴 싶으면서도 칠순 노인이 많아서 은근히 걱정이 되었는데 신부님도 그것을 느끼셨는지 미사를 간단히 끝내셨다.

  대기하고 있는 버스를 타고 호텔로 돌아와 그 치렁치렁한 유까다를 입고 저녁식사를 했다. 전체적으로 달콤한 반찬에 유난히 빛깔 맞추기에 신경을 쓴 상차림이었다. 밥은 아주 윤기가 자르르하니 보기도 좋고 맛도 좋았는데, 이곳이 바로 아키바리 쌀의 원산지란다. 아키타에서 나왔다고 아키바리라는 이름이 붙었다는 것이다.

저녁 식사 후, 마침내 우리를 초청해 준 정병훈 회장님의 강연을 듣게 되었다.

그분은 칠순이 넘은 노인이셨는데 한 7년 전, 갑자기 눈이 안 보여서 우리나라 방방곡곡 유명한 안과는 다 찾아다니다가 어느 날, 강남성모병원의 김재호 박사님을 찾아가게 되었단다. 자기는 대대로 독실한 불교 가정에서 나고 자라, 현재도 불교계의 요직을 맡고 있는 사람인데 천주교 병원을 가는 것이 마음에 걸렸으나 우선 시력이 급하니까 안 갈 수가 없었다는 것이다.

어쨌건 그분은 박사님의 처방대로 안구 기증자가 생길 때까지 기다렸다가 이식 수술을 받고 시력을 회복하게 되었는데, 그 과정에서 김 박사의 수술 전, 또는 후, 뜨거운 기도 말씀을 듣고 차츰 하느님을 영접하게 되었단다.

그 무렵 그는 절친한 일본 친구를 조문하러 이곳 아키타를 오게 되었다. 그때만 해도 직항이 없었기 때문에 동경으로 와서 이것저것 갈아타고 이곳으로 오는데, 바로 이곳에 들어서자 영상 17도의 날씨에 갑자기 밤송이 같은 눈이 내리기 시작했다. 이상히 여기며 이곳에 대한 여러 가지 정보를 수소문해 보는 과정에서 눈물 흘린 성모님 이야기를 듣게 되었다.

그는 마침내 아하, 그분이 나를 부르셨구나, 하는 생각에서 그 경당을 찾아갔다. 그리고 그 방에 꿇어앉아 어머님, 왜 나를 부르셨나이까, 오래도록 묵상하고 나서 "포교하라"고 하는 답을 얻었다는 것이다.

아키타의 인구는 30만 명, 그런데 그리스도인은 12명뿐. 일본에 그리스도교가 성하지 못하다는 이야기는 이미 들어 알고 있었지만 너무 했구나 싶었다.

그는 포교를 위해 여러 가지 궁리를 했다. 한국의 가톨릭계 여러 사람들을 불러들여 이 성모상을 보여주었고, 금년에는 대대적으로 순례단을 모집하기 시작했다. 그가 노린 것은 많은 사람들이 이곳에 옴으로써 일종의 시위 효과를 얻자는 것이었다.

어쨌건 지금은 그의 열성으로 17명의 신자가 새로 늘어나게 되었단다. 그분은 아직 세례는 받지 않았으나 바오로라는 세례명까지 지어 놓고 내년쯤 세례를 받기로 마음을 정했다고 한다. 그것은 자기가 가톨릭 신자로서 선교하는 것보다는 불교 신자로서의 포교가 더욱 효과적일 것이기 때문이라는 것이다.

아무튼 그분은 성모님이 베푼 여러 가지 기적을 전해 듣고 도저히 그냥 있을 수가 없는 어떤 사명감을 느꼈노라고 했다. 우선 우리 정부와 일본 정부간의, 그리고 대한항공의 협조를 얻어 한낱 국내선 공항에 불과한 그곳에 우리 비행기가 직접 들어갈 수 있도록 개척한 점은 그분의 열의를 짐작하게 하고도 남는다.

어쩐지 공항에 도착했을 때 너무나 조용하고 우리 일행밖에 없어 이상하다 했더니 전세 비행기로 우리 순례객들만 왔다 갔다 하고 있었던 것이다.

틈틈이 아키타 성모님에 대한 유인물을 읽어 보았다. 아키타 성모상에 맨 처음 눈물이 흐른 것은 1975년 1월 4일. 마지막 눈물이 흐른 것은 1981년 9월 15일. 그동안 자그마치 101번의 눈물을 흘려, 아키타 대학과 기후 대학의 법의학 교실에서 그 눈물을 분석한 결과 인간의 체액과 똑같다는 결론을 내렸다 한다. 그리하여 그곳 주교님도 그 성모상의 초자연성을 인정하고 1984년 부활절을 기하여 승인 서한을 발표하기에 이르렀다는 것이다.

우리나라에서는 유달리 성모 신심이 두터웠던 오기선 신부님이 처음 이 성모님을 뵙고 직접 목각 성모상에서 흘러내리는 눈물을 닦아 드리기도 했으며, 그 눈물을 받아 보존하기도 했다고 한다.

발현하신 성모님은 다음과 같이 세 번에 걸쳐 메시지를 보내주셨다고 한다.
첫 번째 "사람들의 보속을 위해 기도해 다오. 교황, 주교, 사제들을 위해 많이 기도해 다오."
두 번째 "나는 주님을 위로해 드릴 사람을 바라고 있다. 천주 성부의 진노하심을 풀어드리기 위해 죄인이나 은혜 저버린 자를 대신해서 고통을 받으며 가난으로써 이를 보속할 영혼을 아드님과 함께 바라고 있다. 오직 천주 성부를 위로해 드리기 위해 기도해 다오."

세 번째 "내가 말하는 것을 잘 들어다오. 그리고 그대의 장상에게 알려다오. 만일 사람들이 회개하지 않는다면 성부께서는 전 인류 위에 대홍수보다도 더 무서운 벌을 내리실 것임에 틀림없다.

그때 우리에게 남아 있는 무기는 로사리오와 아드님이 남기신 성사뿐이다. 많은 영혼을 잃게 되는 것이 나의 슬픔이다. 이 이상 죄가 계속된다면 용서는 없어지게 되리라."

이런 글을 읽으면서 나는 과연 교황, 주교, 사제들을 위하여 일 년에 몇 번이나 기도했던가를 반성하게 되었고, 주님을 위로해 드리기는커녕 나의 죄 때문에 천주께서 진노하심이 얼마나 많았을까를 생각해 보았다.

밤에는 바로 우리 호텔에 있는 온천에 갔다. 물이 어찌나 좋은지 지금껏 내가 가본 어느 온천과도 비교가 안 될 정도였다. 같이 간 일행들이 입을 모아 탄성을 질렀다. 성모님 뵙는 것만도 과분한데 이렇게 좋은 온천욕까지 시켜주시다니, 정말 분에 넘치는 은총이 아닌가.

마음도 깨끗, 몸도 깨끗, 나는 모든 것에 감사하며 이 좋은 여행을 함께하지 못한 몇몇 가족들 생각에 안타까운 마음을 안고 잠을 청했다.

다음날 새벽 4시, 잠에서 깼다. 5시에 우리 방 식구들을 깨우기로 약속했기에 한 시간 동안 나를 여기 부르신 것은 무슨 이유일까를 묵상했다. 그리고 답을 받았다. 나의 신앙심을 좀더 뜨겁게 달구기 위해서라고.

5시에 모두를 깨워 온천욕을 즐기고 7시 아침식사 후, 어제 갔던 성체 봉사회 경당으로 다시 갔다. 역시 조별로 나누어 기도를 했는데 맨 처음 아름다운 정원에 만들어진 '십자가의 길' 기도를 시작했다. 언제나 그렇듯 4처에서는 저절로 눈물이 나온다. 어머니와 자식의 관계란 대체 무엇이기에 생각만으로도 눈물이 나오는 것일까. 14처까지 마치고 정원을 걸어 나오는데 밤나무가 지천으로 서 있어 여기저기 떨어진 알밤들, 밤송이들이 눈에 띄었다.

수녀님들 손이 모자라서 저 밤을 다 줍지 못하는구나, 우리가 다 같이 주워드리면 좋을 텐데, 단장님의 지시만 있다면… 하는 생각으로 그곳을 지났다.

다음은 어제 너무나 바쁘게 뵈었던 성모님을 다시 뵈러 경당으로 들어갔다. 나는 운 좋게 아주 앞자리에 앉게 되어 더욱 정겨운 마음으로 어머님과 대화할 수 있어서 좋았다. 부단장 모니카 씨가 잠시 단체 기도를 인도했는데 그중에 교황님을 위하여, 사제를 위하여 등의 기도가 있었다.

1984년 우리나라에 오셨을 때, 서강대학교에서 있었던 '문화인들과의 만남'에서 직접 뵈었던 교황님, 우리 문인들에게 가톨릭 선교의 글을 많이 써달라고 말씀하시던 교황님, 이제 연로하셔서 건강이 무척 염려되는 교황 요한 바오로 2세, 그분을 위해 열절한 마음으로 기도를 드렸고, 성당 신축에 여념이 없으신 분당 요한 성당 김영배 신부님을 위해서도 모처럼 뜨거운 기도를 드렸다.

그리고 나의 가족들을 위해 기도하는데 어찌나 눈물이 나오는지 손수건 하나 준비된 것이 없어 애를 먹었다.

정오에 또 미사가 있었다. 신부님께서는 성모님을 뵙는 순간, 나는 죄인입니다, 죄인이 여기 왔습니다, 하며 사제 서품 이후 가장 깊은 통회를 하셨노라고, 여러분도 대개 비슷했을 거라고 말씀하셨다. 나는 그런 생각은 전혀 없이 나의 소원만 빌고 있었음에 너무나 부끄러웠다. 아무튼 미사 중에도 뜨거운 눈물만 흘리고 있다가 영성체 때는 그 절정에 이르러 주체할 수 없는 눈물을 쏟았다.

성모님, 이렇게 온전한 마음으로 내 안에 주님을 모시게 되었음을 감사드립니다. 어머님, 어머님.

그리고 눈물의 은사를 주신 주님, 감사합니다.

점심식사 후에는 아키타 시에 있는 공원, 백화점 등을 돌아보고 다시 밤에 모임을 갖고 단장님의 말씀을 듣고 교우들의 소감도 들었다.

　단장님은 서교동 성당 사목회장. 훤칠한 키에 인상도 좋으시고 말씀도 잘하시면서 우리를 잘 이끌어 주셨다. 200명을 통솔하려면 잔신경 쓸 일이 한두 가지겠는가.

　밤 집회를 마치고 나올 때 그곳에서 난 쌀, 그러니까 아키바리 쌀을 한 봉지씩 기념으로 받았다. 적어도 5인분은 나올 양이었다.

　계속해서 과분한 대접을 받는다는 생각을 떨칠 수가 없었다.

　게다가 수녀님들께서 밤을 삶아 내오시어 모두 두어 톨씩 나누어 가졌다. 나는 또 아까 그 지천으로 떨어져 있던 밤을 우리 모두가 주워 드릴 수 있다면 좋을 텐데, 라는 생각을 했다.

　10월 17일 새벽 6시 미사 후 식사를 마치고 이틀 동안 묵었던 사토미 호텔을 떠나왔다. 모든 종업원이 나와서 우리를 배웅해 주었다. 그들의 청결과 친절은 오래도록 잊을 수 없으리라.

　그날은 종일 관광의 날로 카쿠노다테라는 곳으로 가서 다자와호를 둘러보고 다마카와 온천에 가서 온천욕을 하는 날이다. 우리 방 식구들은 편한 의자에 앉지 못하고 가운데 줄에 있는 보조 의자에 앉게 되었다. 하필 관광의 날이라 먼 길을 달리고, 또 하루 종일 탔다 내렸다 하는 바람에 다른 사람이 다 탈 때까지 밖에서 기다려야 하는 등 무척 불편이 많았지만 이것도 작은 희생이라며 기쁘게 받아들였다. 온천은 매우 높은 산 계곡에 있어 두어 시간을 계속 올라갔는데, 길이 어찌나 좁은지 가운데 통로 앞자리에 앉은 나는 오른쪽으로 오는 차와 우리 차가 부딪칠 것만 같아서 가슴이 조마조마하곤 하였다.

단풍은 높은 지대에서부터 드는 것인가, 차가 높이 오를수록 단풍이 아름답게 물들어 있어 너 나 할 것 없이 와, 와, 탄성을 지르다가 마침내 누구로부터인지 노래가 터져 나와 다같이 한마음으로 합창을 하게 되었다. 당연히 성가 2번, "주 하느님 지으신 모든 세계 내 마음에 그리어 볼 때…."

그런데 놀라운 일이 일어났다. 아니, 이럴 수가, 우리가 가는 길 위에 눈발이 내리고 있는 것이 아닌가. 단풍에 취해서 야단들인데 첫눈까지 내려주시다니.

주님, 주님, 저희가 무엇이기에 이렇게 넘치는 기쁨을 주시나이까. 황감하나이다. 주님! 기도가 절로 나왔다.

다마카와 온천은 섭씨 98도의 원액 온천으로 유황이 짙게 섞인 산성물이라 했다. 동네에 들어서자 산자락 여기저기서 연기가 펄펄 나고 유황 냄새가 코끝에 스몄다. 목이 쐐 해지면서 기침이 자꾸 나왔다. 여러 가지 병에 좋다고 많은 일본인들이 와서 온천욕은 물론, 연기 나는 골짜기에서 노천욕도 하고 따뜻한 산골에 돗자리를 깔고 누워 몸을 지지기도 하였다.

진눈깨비를 맞으며 우산을 쓰고 담요를 뒤집어쓰고 누워 있는 사람이 여기저기 눈에 띄었다. 그러나 물이 워낙 독하다고 오래 있지 말라 하고, 갑상선 환자, 심장질환, 고혈압이 있는 사람은 아예 안 들어가는 게 좋겠다고 해 우리는 들어가지 않았다. 우리 방 네 식구 중에는 갑상선 환자가 둘이나 있었던 것이다.

밤에는 호텔에서 온천욕을 하는데 이번에는 우유처럼 뿌우연 물이었다. 온천도 가지가지로구나, 알카리물에 산성물에 또 어머니의 젖 같은 물에… 몇 번이고 들어갔다 나왔다 하면서 몸의 때를 벗었다. 마음도 깨끗, 몸도 깨끗, 이렇게 좋은 순례길이 언제 또 있으랴 싶었다.

10월 18일, 드디어 여행 마지막 날이 왔다.

아침에 일어나 창문을 여니 어머나, 저것 좀 봐!

바로 앞에 보이는 산등성이에 온통 눈꽃이 활짝 피어 빨강 노랑 단풍을 하얀 빛이 살짝 누르고 있었다. 마치 브로콜리처럼 송글송글한 모습으로 하얗게 피어 있는 눈꽃. 저것이야말로 완벽한 눈꽃에 틀림없었다. 어제는 진눈깨비로 우리를 놀래주시더니, 한밤중 우리 몰래 더 많은 눈을 뿌려 저리도 아름다운 세상을 만들어 놓으셨구나. 탄성이 절로 나왔다.

아니나 다를까, 아침 미사에 신부님께서 말씀하셨다.

"아침에 눈 보았지요? 바로 그것입니다. 주님이 지으신 대로만

두면 저렇게 다 아름답지요. 자연 훼손을 적극적으로 막고 있는 일본을 우리도 본받아야 합니다. 그중에서도 인간이 최고로 아름다운 존재이지요. 주님 뜻대로만 살면 우리 인간처럼 아름다운 존재가 또 있겠습니까? 은혜 많이 받으셨기 바랍니다."

넘치도록 받은 은혜였다. 3박 4일 동안 어느 귀부인 못지않게 대접을 받고, 몸도 깨끗, 마음도 깨끗, 거기에 다시 하얀 눈까지 내려주셔서 오랜만에 지고지순한 영혼으로 돌아올 수 있어 기뻤다.

"교황, 주교, 사제들을 위해 기도해 다오. 천주 성부의 진노하심을 풀어드려야 한다. 그분을 위로해 드릴 기도가 필요하다. 만일 회개하지 않는다면 인류 위에 대홍수보다 더 무서운 벌을 내릴 것이다. 그때 우리에게 남아있는 것은 로사리오와 성사뿐이다."

아키타에서 뵈온 성모님, 당신이 주신 메시지를 다시 한번 떠올려 봅니다. (1999년 10월)

사랑하는 아들에게 5

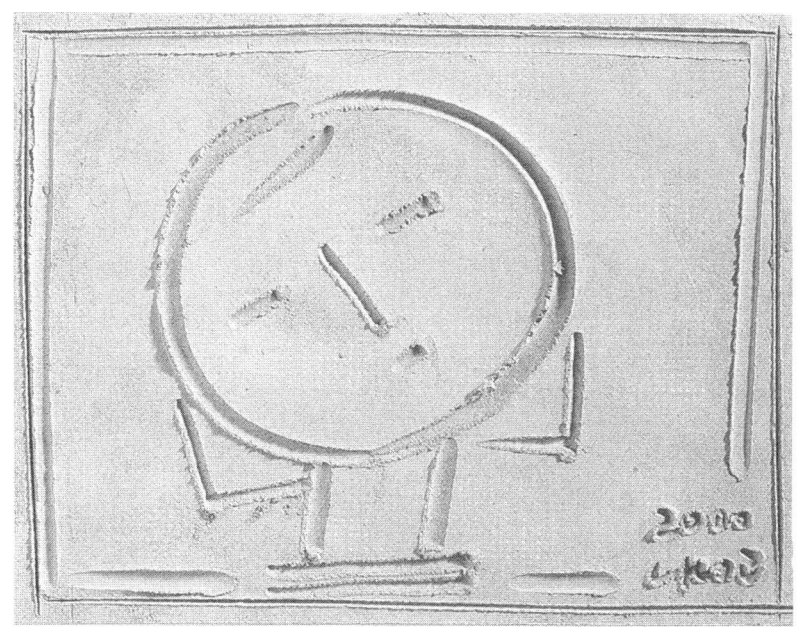

사랑하는 아들에게

집 떠난 아들에게

사랑하는 아들아.

네가 유학을 떠난 지도 어언 반년이 넘었구나. 지금쯤 홀로서기에 제법 익숙해졌겠지?

엄마는 정든 교직 생활을 마무리하고 모처럼 한가를 누리고 있다. 걷잡을 수 없이 변해 가는 청소년들을 다루기엔 역부족임을 깨닫고 미련 없이 사표를 냈다만, 나라의 미래가 걱정되어 몇 가지 적어 보내니 귀담아 들어주기 바란다.

세상은 변하고 있다. 살아 있는 모든 것은 변화한다. 너도 변화의 물결 따라 생각도 행동도 바꿀 것은 서둘러 바꾸도록 해라. 그러나 이 세상 끝나는 날까지 변해서는 안 되는 것, 도덕성·준법성을 잃지 말고 바르게 살기, 긍정적인 마음으로 모든 것 감사하며 기쁘게 살기, 이 두 가지는 꼭 지켜주기 바란다.

그밖에 소소한 것 몇 가지 적어 보내니 엄마의 충정으로 알고 명심해 다오.

우선 너 자신을 사랑해라. 어떤 순간에도 너를 놓아 버려서는 안 된다. 스스로를 존중해서 항상 자존심을 챙기기 바란다. 그래야만 도덕성이며 성실성, 책임감 등이 투철해져 남 앞에 부끄러운 일을 하지 않게 될 것이다. 언제 어디서든 하느님을 염두에 두고 그분 뜻에 맞는 행동인가를 생각하면 크게 어긋나지는 않으리라 믿는다.

돈과 시간 관리를 철저히 하기 바란다.

혹시 단돈 천원이라도 남에게 빌리게 되면 당장 그것 갚는 것을 최우선으로 생각해라. 그것이 신뢰의 기본이다. 그리고 검약을 실천하되 꼭 써야 할 것은 아끼지 마라. 너 자신에게는 조금 덜 쓰더라도 남에게 인색해서는 안 된다. 또 돈이 관련되거든 반드시 부정한 것이 아닌가를 따져라. 당장의 이익에 눈이 어두워 검은 유혹에 넘어가다 보면 그것이 죄인지도 모르고 발 디더 영원히 헤어 나올 수 없는 수렁으로 빠져들게 된다는 것을 명심해라.

시간 또한 돈만큼 중요하다. 우선 친구와의 약속에서 늦는 일이 없도록 해라. 그 또한 신뢰의 기본이다. 그건 완전히 습관이라서 언제나 늦는 사람은 정해져 있더구나. 시간은 관리하는 사람에 따라서 하루가 스무 시간으로 줄기도 하고, 서른 시간으로 늘기도 한다는 거 알지?

인간은 한가히 살수록 몸이 병들고, 바쁘게 살수록 건강해진다는 신비를 이웃에서 자주 보게 되더구나. 그만큼 적당한 긴장은 보약이란다.

그리고 언제 어디서든 감정을 절제해야 한다. 인간이 인간다운 것은 절제의 미덕이 있기 때문이다. 모든 사람이 저 하고 싶은 대로 말하고 행동한다면 이 세상은 얼마나 난장판이 될 것인가. 나는 하나지만 상대방은 수십이니, 내가 주는 피해보다 내가 받는 피해가 더 많을 것임은 자명하다.

대화에서도 각별히 신경을 써야 한다. 항상 분명한 발음으로 요점 있게 말하고, 남의 말을 경청하도록 해라. 그리고 남에게 불쾌감을 주는 이야기는 하지 마라. 이상하게도 대화 중에 상대의 심기를 건드리는 것을 재미삼아 하는 사람이 있더구나. 사소한 말 한마디가 상대에게 치명적인 상처를 줄 수 있음을 알아야 한다.

요즈음 젊은이들 언어를 너무나 거칠게 써서 걱정이다. 언어가 그 사람의 행동을 지배한다는 것 잊지 말고 부디 언어 순화에 신경 쓰기 바란다.

그리고 누가 도움을 청해 오면, 힘닿는 데까지 지체 말고 도와라. 도움도 때가 있는 것이어서 기회를 놓치면 후회하게 되더구나. 남을 돕는다는 것은 시간과 돈과 에너지가 절대적으로 필요한 것이지만 그것은 가치 있는 소모란다. 혼자서는 못 사는 세상. 서로에게 무슨 일이 터지면 함께 도와야지 내 일 아니라고 몰라라 한다면 어느 날, 불행이 닥쳤을 때 누구에게 도움을 받을 수 있겠니. 이 세상에는 아무리 가진 자라도 남의 도움을 필요로 하지 않는 사람이 없고, 아무리 갖지 못한 자라도 남을 도와줄 수 있는 기회가 있는 법이다. 그리고 네가 도운 그 사람에게서 직접 되돌려 받을 기대는 마라. 도움도 돌고 도는 것이어서 네가 그를 도우면 그는 다른 이를 돕고, 돌고 돌아 누군가가 너를 도울 것이다.

늘 국가 의식을 갖고 살기 바란다. 외국에 오래 있다 온 사람들, 마치 자기가 외국인인 양, 한국은 이래서 안 돼, 한국은 그게 틀렸어, 하며 말끝마다 "한국은" 하고 나올 때 나는 너무나 듣기 싫더구나. 자기 스스로 고쳐야 할 것은 안 고치고 남의 탓만 하는 사람들이 제일 문제다.

끝으로 건강에 신경을 써라. 네가 우리 집 호주라는 것 알지?

늘 세 끼 잘 챙겨 먹고 적당한 운동, 규칙적인 생활로 건강을 지켜주기 바란다. (1999년 3월)

자연과 벗하며

사랑하는 아들아.

드디어 이사를 끝냈다.

천년만년 온 가족이 한데 모여 오순도순 살 줄 알고, 너희 모두 방 하나씩 갖기를 하도 소원해 분당 신도시로 터전을 옮겼더니, 몇 년 새 참 많은 변화를 겪었다. 누나는 결혼해 나가고, 아버지는 돌아가시고, 너는 유학길에 오르고….

너 돌아올 때까지 그냥 살까 하다가 아무래도 낭비인 듯해 집을 줄이고 말았지. 이삿짐센터가 있어서 그런대로 잘 마쳤다. 이사할 때마다 네 친구들이 몰려와 그 무거운 책 상자를 이리저리 옮겨주던 일이 새삼 그립더구나.

이번에는 짐을 많이 줄였다. 무엇이든 3년 넘게 쓰지 않고 둔 것은 필요한 곳에 보내자는 것이 나의 생각이라, 후배들에게 주기도

하고 성당 바자회에 갖다 내기도 했다.

책도 우리 아파트 부녀회에서 운영하는 도서관에 많이 실어 보냈다. 다 읽은 책 그냥 꽂아두는 것보다 많은 사람에게 두루 읽히는 것이 좋겠다는 생각이 들어 기증본도 그냥 실어 보냈다. 저자에게 조금 죄송한 생각이 들었으나, 실은 그분들도 많은 사람에게 읽히는 걸 더 좋아하지 않을까 싶어 편한 마음으로 보냈다. 뭐든지 생각하기 나름. 될 수 있으면 열린 생각으로 살아가자꾸나.

이사라 해도 바로 한 동네에서 평수만 줄인 이유를 너는 알까?

우선 아빠와 함께 살던 동네를 떠나고 싶지 않았어. 골목골목에서, 집 앞 상가에서, 버스 정류장에서, 그냥 함께 살 때처럼 같이 다니는 기분으로 살고 싶었어. 현관 옆방에다 우리 식구들을 다 모아 두었다. 책상 위에 아버지의 영정과 가족사진을 얹어놓고 아침마다 한 번 들여다보며 인사를 하고 지낸다. 밖에 나갈 때나 들어올 때도, 꼭 그 방에 들러서 문안하고 나온다. 그러니까 난 지금도 온 가족과 함께 사는 기분이란다.

또 하나. 내가 좋아하는 중앙공원을 떠나고 싶지 않았단다.

엄마에게 유일한 운동인 산책 장소로 중앙공원만큼 좋은 곳도 드물거든. 내 건강 상태에 따라 한 시간 거리, 시간 반 거리 마음대로 조절하고, 적당한 등성이, 약수터, 게다가 운동 시설까지 있어 산책하기엔 더없이 좋은 곳이란다.

아무리 바빠도 틈을 내서 자주 자연과 만나라고 내가 너희들에게 여러 번 말했지. 자연은 우리의 큰 스승임을 꼭 너희들 마음속에 심어주고 싶구나.

우리 시대엔 대부분 봄철, 가을철, 적어도 일년에 두 번은 등산을 하며 살았단다. 그런데 요즈음 젊은이들은 바쁘다는 핑계로 등산할 기회를 못 만드는 것 같아서 늘 안타깝거든.

나무들이 내뿜는 피톤치드fitontsid가 인체에 아주 좋다는 말 들어 보았지? 그런 실리를 따져서라도 우리 젊은이들이 숲을 자주 찾았으면 좋겠다. 그럼 몸보신만이 아니라 더 좋은 영혼의 양식을 덤으로 얻게 될 테니까.

이른 봄 야들야들 피어나는 새잎을 바라보며 생명의 소중함을 배우고, 행여 그 순간 자신이 절망의 시기에 있다면 다 죽었다 싶은 나뭇가지에서 저렇게 새순이 솟는구나, 감탄하면서 새로운 희망을 갖고 분연히 일어날 수도 있을 거야.

여름이면 그 무성한 나뭇잎, 그리고 진녹색으로 그늘을 드리우는 나뭇가지들. 인간으로 치면 가장 왕성한 시기가 되겠지. 푸른 숲길을 거닐면서 자신의 젊음을 마음껏 구가하고 무언가 목표를 달성하기 위해 주먹을 불끈 쥐게 될 거야.

가을이면 꽃보다 더 아름다운 단풍. 자기를 깡그리 불태우고 하나 둘 스러지는 단풍. 참으로 혼신을 다해 한세상 살고, 때가 되어 미련 없이 떠나주는 그 모습에서 떠남의 아름다움도 배우고 언젠가는 우리도 자연으로 돌아갈 수밖에 없다는 신의 섭리도 배우게 될 거야.

겨울은 또 어머니, 떠날 때가 되니까 가진 것 다 버리고, 덕지덕지 껴입었던 속세의 옷 다 벗어 버리고, 하늘을 향해 기도드리고 있는 모습. 여름나무는 가진 것이 너무 많아 가지가 축 늘어져 있었지? 그러나 겨울나무를 보아라. 가뿐한 마음으로 하늘을 향해 두 팔을 높이 치켜들고 있는 그 모습은 마치 '하늘을 우러러 한 점 부끄럼이 없기를' 기원하면서 참회의 기도라도 드리는 것 같지 않니?

또 하나, 새잎이 날 때나 단풍이 들 때 항상 느끼는 것은 일조량, 그러니까 태양과의 관계라 할까? 새봄에 목련꽃 벙그는 것을 관심 있게 지켜본 사람은 알 거야. 늘 햇볕 잘 드는 곳에서 먼저 피어나거든. 그늘의 꽃은 훨씬 늦게 핀단다. 마찬가지로 가을 단풍 역시 햇볕 잘 드는 곳에서 더 먼저, 더 곱게 물이 들더란 말이다.

난 그것을 볼 때마다 혼잣말을 해 본다.

아, 사랑의 힘은 위대해. 저들에게 햇빛은 사랑 자체야. 사랑 받은 잎과 받지 못한 잎의 차이라니!

그럼 인간의 경우는 어떻게 되나?

첫째는 부모의 사랑이 가장 중요하겠지. 그리고 스승, 친구, 애인, 이웃… 그래. 모두들 서로 사랑하며 살아야 해. 사랑만이 인간의 심성을 곱게 기를 수 있어. 사랑 받으며 자란 사람과 그렇지 못한 사람의 차이라니!

바라건대 많이많이 사랑하며 살아라. 네가 남을 사랑하면 남도 너를 사랑하게 된단다.

태양이 있어 아름다운 숲이 되고, 오르막이 있으면 내리막이 있고, 푸르름이 있으면 누르름이 있고, 태어남이 있으면 사라짐이 있고, 가질 때가 있으면 비울 때가 있음을 거듭거듭 확인시켜 주는 자연!

나는 아름다운 자연을 곁에 모시고 살 수 있음에 감사한다.

(1999년 11월)

우리만의 값진 은총

사랑하는 아들아.

오늘 우리 가족의 성탄 판공 성사표를 받아왔다. 요즈음 성당엔 잘 나가고 있는지 궁금하구나. 아무리 바빠도 일주일에 한 번 주님 만나러 가는 길, 기쁜 걸음이길 바란다.

현대인들이 몸 관리에만 지나치게 신경을 쓰고 영혼 관리에는 너무나 소홀한 것 같아 안타깝다. 너희 젊은이들은 때로 하느님이 정말 계시냐고 회의하곤 하는데 한 가지 물어보자.

하느님의 존재를 부정해서 긍정하는 것보다 더 나은 게 있는지, 있다면 무엇인지, 그것이 우리 삶을 향상시킬 만큼 가치 있는 것인지, 그 대답만 누군가 또렷이 해준다면 나도 너희들을 신앙생활에서 해방시켜 줄 용의가 있다.

나는 여학교 때 친구 따라 예배당에 가보고 원불교당에도 가보았다. 이리 가나 저리 가나 좋은 가르침이 있었다.

사람이 사람답게 살기 위해선 영혼의 양식이 절대적으로 필요했고, 그건 종교 지도자들로부터 공급받는 것임을 알았다.

대학 졸업 후, 영혼에 더욱 목마름과 허기를 느낀 나는 마침내 스스로 성당을 찾아가게 되었다.

나 자신의 나약함을 깨닫고 신에게 의지하기로 마음을 정한 것이지. 내 발로 성당을 찾아갔다고 했지만, 사실은 그때 하느님께서 나를 불러주신 것임을 늦게야 알았다.

내가 특별히 성당을 택한 이유는 무엇보다 인자하신 성모님의 품에 안기고 싶었고, 하느님 사업에 완전히 몸 바친 성직자나 수도자들에 대한 신뢰와 존경심 때문이 아니었나 싶다.

일단 신앙을 갖고부터 나는 노력했다. 주님의 가르침을 따라 서로 용서하며 사랑하려고, 탐욕을 버리고 무엇에든 감사하려고, 내 힘닿는 데까지 이웃을 도우려고, 잘못을 빨리 뉘우치고 다시 그분을 향하려고… 그러면서 차츰차츰 참다운 자유와 평화를 얻게 되었다.

너희들은 묻겠지. 하느님이 계시다면 왜 인류에게 고통과 역경을 주시느냐고.

미련한 우리 인간들은 충만해 있을 때는 그 고마움을 모르고 결핍 상태가 되어야만 깨닫게 되거든. 그러니 하느님께서는 고통을 통해서 우리를 단련시키시고, 더욱 당신 가까이 부르시는 거야. 궁지에 몰려야 인간은 신을 찾게 되고, 그분 가르침을 들으며 고통을 이겨내고 겸손해지거든. 또 고통을 당해 본 사람은 다른 사람에 대한 이해의 폭이 넓어져 인격적으로 성숙하게 되거든. 그래서 고통은 은총으로 승화되는 것이란다.

참, 지난번 전화에서 네가 말했지. 성당은 너무 멀고, 교회는 가까이 있는데 친구들이 상당히 적극적이고 활동적이어서 한번 따라가 볼까 싶다고. 좋다. 그곳에 가서라도 너의 신앙이 자라만 준다면 감사할 일이지. 나는 네가 불교 신자를 따라 간다 해도 이해는 해줄 거야. 나 역시 불교를 좋아해서 『법구경』이나 『반야바라밀다경』 등에 깊은 감동을 받으며 읽었지. 『법구경』에서 읽었던 구절 하나 소개해 볼까?

"미워하는 사람을 가지지 마라.
사랑하는 사람도 가지지 마라.
미워하는 사람은 만나서 괴롭고
사랑하는 사람은 못 만나 괴롭다."

좋은 말씀이지? 예수님 말씀처럼 원수를 사랑까지는 못 하더라도 미워하지는 말아야지.

 그런데 사람들은 미워하다 못해 복수를 하기도 하더구나. 세상에 복수처럼 나쁜 것이 어디 있겠니. 복수는 또 복수를 낳아 죄의 사슬을 끊을 수가 없지. 나는 소설을 읽다가도 복수하는 장면이 나오면 그 책을 읽기가 싫어지더라. 이 힘든 세상, 서로 이해하고 용서하고 사랑하면서 살면 얼마나 좋겠니. 그런 지혜야말로 신앙생활에서 얻어지고 훈련되는 것이라고 생각한다.

 기왕 불교 이야기가 나왔으니 말인데, 다 좋지만 절대자 하느님을 인정하지 않고 혼자 수행하는 것에 더 가치를 두고 있어 종교처럼 느껴지지가 않더구나. 사랑하는 사람도 가지지 말라니 결국은 혼자 살라는 것이지. 우리 그리스도교는 모든 것을 하느님께 의탁하며 공동체로서의 신앙생활에 더 가치를 두고 있는 것 알지?

 하느님 자신이 삼위일체로서 어울려 있고, 우리 또한 싫어도 좋아도 이웃과 어울려 살아야 하는 세상이니 아무리 봐도 사랑과 용서를 핵심사상으로 하는 기독교 안에 참 진리가 있다고 믿는다.

 그럼 또 왜 개신교가 아니고 천주교냐고 묻겠지?

 우선 미사를 드리고 성체를 모신다는 것. 고해성사가 있다는 것. 성모님을 공경한다는 것. 이 세 가지가 얼마나 값진 은총인지 너도 알아야 한다. 개신교 신자들이 이런 은총 때문에 옮겨 오는 경우도 많이 보았다. 더러는 성모님 공경하는 것을 비방하는 개신교 신자들도 있더라만 세상에 어머니 싫어하는 사람이 어디 있을꼬.

　더구나 그분이 우리 주님의 어머님이신데.

　신앙인으로서 신앙의 모범을 보인 분을 마음에 모시고 공경한다는 것은 아주 바람직한 일이지. 그렇다면 가장 충실한 믿음을 보인 분이 누굴까? 그분이 바로 성모님이시란다. 약혼한 처녀의 몸으로 아기 예수님의 수태를 받아들일 수 있었던 건 완전한 믿음 덕분이었지. 게다가 그분은 죽음을 앞둔 십자가 상 예수님으로부터 만인의 어머니로 선포된 분이시다.

　어머니… 듣기만 해도 가슴이 더워지는 그 이름. 억울할 때, 힘들 때, 괴로울 때, 맨 먼저 달려가 안기고 싶은 어머니… 바로 그 성모님이 계시기에 난 천주교 신자로서 행복하단다.

　자, 이제 결론을 내리자. 지금 네가 다른 곳을 잠시 기웃거려도 말리진 않으마. 그러나 넌 유아 세례를 받은 '라파엘'로서 하느님의 사랑 안에 있고, 천사의 보호 아래 있으니 언젠가는 종갓집으로 돌아올 것을 믿는다. （1999년 12월）

과욕은 금물

사랑하는 아들아.

지루한 비행시간, 잠이라도 한숨 자고 편히 갔는지 궁금하구나.

2년 만의 귀국이라 성묘 가랴, 학교 들르랴, 친구 만나랴, 정신없이 3주를 보내고 네가 떠난 후, 엄마는 뭔가 못다 해준 것이 있는 것 같아 며칠 동안 허전했단다.

난 네가 처음 와서 하는 행동이 어찌나 이상하던지, 오랜만에 집에 온 사람이 기쁨은 하나도 없고, 무언가에 골몰하는 것 같은데 말은 안 하고 정말 애가 탔단다. 네 동생도 그러더라. 오빠가 밥도 잘 안 먹고 걸핏하면 담배를 피려는지 문밖으로 나가더라고.

마침내 궁금해 하는 엄마에게 속마음을 다 털어놓아 주어서 고마웠다.

선배로부터 제안 받은 벤처 사업에 관해서는 결론이 어떻게 내려질지 몹시 궁금하구나. 세 사람에게 공동으로 제안을 했고, 세 사람은 따로따로 심사숙고해서 한 달 후에 함께 만나 의견을 나누기로 했다니, 사나이들의 멋이 느껴지기도 하고 더욱 신뢰도 간다.

　대부분 교수를 목표로 유학을 떠나지만 길거리에 그냥 걸어 다니는 박사가 수천 명이라고 하니 어지간한 행운이 아니고서야 어찌 그 별을 따겠니? 그래서 유학생들 모두 회의하고 중도에 목표를 바꾼다는 말도 많이 들었다. 그런 상황에서 박사를 마친 선배가, 함께 귀국해서 요즈음 최대 유행인 벤처 기업을 일으켜 보자고 하니 어느 누가 망설이지 않겠니.

　너는 내게 말했지.
　엄마 혼자 계시는 것도 늘 안 됐고 이 기회에 앞길을 바꿔 보는 것도 나쁘지 않을 것 같다고. 오랫동안 학자의 길만을 생각하던 네가 요즈음 와서 흔들리고 있는 것을 보고 나도 마음이 아프다. 그러나 너는 훌륭한 교수님 밑에서 조교 노릇하며 순조롭게 박사 학위 입문 자격시험도 합격했고, 이번에 또 논문 쓸 자격시험도 합격한 상태가 아니니. 그럼 지금부터는 연구에 몰두해서 박사 논문만 쓰면 될 텐데 그렇게 흔들려서야 되겠니.
　선배의 아이디어가 아주 좋아서 일도 재미있을 것 같고 돈도 벌 수 있을 것 같아 마음이 기운다고 했지만, 혹시 일의 재미보다도 돈에 더 마음이 기운 건 아닌지 모르겠구나.

이 기회에 돈에 대한 엄마의 생각을 말해 보마.

한마디로 너무 많이 가지면 좋지 않다는 것이다. 필요 이상으로 돈을 벌면, 어지간히 현명한 사람 아니고는 첫째, 교만해지기 쉽고, 둘째, 세상 환락에 물들기 쉽다. 그러다 보면 으레 영혼이 망가지게 마련이란다. 나는 그것이 무섭고 두렵기까지 하더라. 멀쩡히 행복하게 살던 부부가 돈이 따르면서 각자 환락을 추구하고 마침내 가정까지 파경을 맞는 경우를 많이 보았다. 그래서 돈은 필요악이라고 하는 것이지.

옛날 내가 전남여고에 근무할 때 교장 선생님께서 친구분 아들에게 나를 중매하시려고 애쓰신 일이 있다. 그 친구분을 장학사인 양 모시고 들어와 내 수업까지 참관시키시는 등 아주 적극적으로 일을 벌이셨단다. 그런데 교장 선생님께서 내게 그쪽의 장점으로 내세운 것이 돈이 많다는 것이었다. 신랑이 똑똑하다는 것이 아니라 그 집의 '부'를 앞세우더란 말이다. 나는 그게 싫어서 일언지하에 거절하고 말았단다. 그 위험한 '부'를 최고의 것으로 치다니!

형제간에도 그렇단다. 가난한 집 아이들은 마음 하나로 똘똘 뭉쳐 우애를 나누지만 갑부 집 아이들은 돈에 눈이 어두워 형제애마저도 찾아볼 길 없고 그저 한 푼이라도 더 가지려고 싸움만 해대면서 심하게는 법정 다툼까지 벌이는 것을 수도 없이 보아 왔지.

사실, 우리가 세 끼 밥 먹지 네 끼, 다섯 끼는 못 먹는다.

옷도 그래. 기백만 원짜리 비싼 옷 입었다고 내 영혼까지 달라지니? 집도 마찬가지다. 큰 집, 멋진 집, 이층집, 삼층집, 하다 보면 한이 없단다. 옛말에 말 타면 종 부리고 싶다고 했지. 인간의 욕심이란 끝이 없는 것. 어떤 선에서 절제할 수 있어야 하는데 그것이 쉬운 일이 아니란다. 그래서 엄마가 늘 외치는 것이 최고가 아니라 중간인데, 어렸을 때부터 그렇게 길들여 온 너희들은 어디가 중간인지 잘 판단하리라고 생각한다. 의식주에서 최고를 고집하는 것은 무언가 허전함이 있기 때문일 거야. 몸보다 마음을, 마음보다 영혼을 소중히 생각하는 사람은 결코 그런 데 신경을 안 쓰거든.

그렇다면 그 큰돈이 왜 필요하니? 혹시 어려운 이웃을 위해 사회사업을 벌인다면 몰라도.

그리고 말이다, 돈은 벌려고 안달한다고 벌어지는 것이 아니란다. 돈이 사람을 따라와야지 사람이 돈을 쫓아가면 안 돼. 일확천금을 얻겠다고 돈을 쫓아 뛰면 뛸수록 넘어지고 깨어지고 상처만 입는다는 걸 명심해야 된다.

대기업가가 된 분들은 하늘이 도운 분들이야. 물론 능력도 뛰어났지만, 그 능력 또한 하늘이 주신 것이고, 사업하는 과정 굽이굽이에서 일이 잘 풀리도록 구원의 손길이 보우하더란 말이다. 아무리 능력이 뛰어나도 굽이굽이 일이 꼬이기만 하면 성공은 어림도 없단다.

서른 나이에 돈도 못 벌어 엄마를 호강시키지도 못해 죄송하다고?

두 번 다시 그런 말은 하지마라. 내가 돈을 쓰면 얼마나 쓰겠니?

엄마는 그저 열댓 군데 후원회 회비 내고, 좋은 음악 들으며 책 읽고, 글 쓰고, 그게 지루하면 아름다운 자연과 대화하며 산책하고, 어쩌다 친구들 만나 좋은 영화나 한 편씩 보는 등 최저의 문화생활만 즐기면 충분하단다.

엄마는 훌륭한 교수님 밑에서 장학금 받아 유학하고 있는 너를, 돈 많이 벌어서 용돈 주는 아들보다 더 자랑스러워한다는 걸 알았으면 한다. 세 사람이 물론 충분히 토의하겠지만 너를 위해 기도하는 엄마의 의견을 말하는 것이니 참고하기 바란다. (2000년 7월)

우정이라는 나무

사랑하는 아들아.

엄마가 앓는 동안 걱정 많이 했지? 국제 전화비 어지간히 나왔겠구나.

글쎄 최근 들어 추석 차례, 아버지 3주기, 성묘, 내 문학의 아버지 황순원 선생님 장례, 연이은 병문안, 아무튼 하루도 쉬지 못하고 일주일 내내 무리를 했더니만 이름도 못 들어본 대상포진이 발병하여 고생을 했지 뭐니.

그래도 형제 같은 친구들이 있어 큰 도움을 받고 이제 다 나았으니 걱정하지 마라.

나는 요즈음 우정에 대해서 많이 생각한다. 필요할 때 도움 받을 수 있는 친구가 있다는 것은 무엇보다 든든한 배경이요 재산임을 나이 들어가면서 더욱 절실히 느끼게 된다.

진정한 우정은 결코 하루아침에 이루어지는 것은 아니지.

중·고등학교 이전에 심어져야 되고 늘 관리하면서 가꾸어야 되는 나무 같은 것. 무엇보다 중요한 것은 친구가 어려울 때 발 벗고 나서서 힘닿는 데까지 도와야만 꽃을 보고 열매를 맺게 되는 것이란다.

아버지와 김진구 대부님이 좋은 예가 될 것이다.

옛날 우리 신혼 때 이야기를 들려주마. 그때 우리는 노쇠하신 할머니를 모시고 막 백일 지난 누나랑, 어떤 집의 문간채 방 두 칸을 세 얻어서 살고 있었는데 갑자기 주인이 방을 비워 달라고 하더구나. 꽤 많은 돈을 보태야 다른 곳으로 나갈 수 있는데 가진 것은 없고 얼마나 난감했는지. 공무원인 아빠는 모아 놓은 돈도 없고, 하루하루 가시방석에서 지내고 있었지.

그러다가 아빠가 용기를 내서 고향 친구요 초등학교 동창인 진구 아저씨에게 돈을 좀 융통해 달라고 부탁을 하셨다. 하지만 기한이 가까워 와도 소식이 없어 불안해 하다가 하루는 내가 우리 결혼 예물을 팔자고 했다. 예물이라야 다이아반지도 아닌 금반지가 무슨 보탬이 될까만, 그래도 속수무책으로 앉아 있을 수만은 없더란 말이다. 마침 누나 백일 때 받은 금반지도 몇 개 있기에 모두 싸들고 일요일을 기다렸다가 둘이서 나갔지.

그런데 금은방에 가 보니 큰돈이 되질 않더구나. 아버지는 너무나 심란했는지 팔지 말고 그냥 가자고 하시더라. 밖으로 나오더니 내게 말씀하시길 친구를 한번 믿어보고 싶대. 그분은 큰 회사에 계시니까 우리보다는 융통하기가 쉬울 거라고. 그렇지만 작은 돈도 아닌데 그게 쉬울까, 나는 풀이 죽을 대로 죽어서 아버지를 따라 집으로 왔다.

그런데 말이다, 막 들어서니까 할머니가 어디를 갔다가 이렇게 늦느냐고, 진구 아저씨가 여태 기다리다 막 떠나갔다며 돈다발을 내놓으시는 거야. 아아, 그 고마움이라니. 온라인 계좌나 핸드폰은 커녕 전화도 없던 그 시절, 우리는 미안하고 감격해서 싸들고 간 반지를 내놓으며 소리 없이 울었었다.

나는 그때, 친구를 믿어 보자는 아버지나, 그 믿음에 보답해 준 아저씨, 두 사람이 다 그렇게 아름다워 보일 수가 없었다. 그런 것이 바로 참다운 우정 아니겠니.

옛날 고등학교 시절에 외웠던 영어 경구가 생각나더구나.

"A friend in need is a friend indeed."

그 후에도 그분과는 서로 어려울 때 도우면서 결국 아버지 영세 때 대부로 모시고, 돌아가실 때까지 아름다운 우정을 나누셨지.

아버지가 마흔 막 넘어서 모교인 정읍군 고부초등학교 '삼구(39) 장학회' 사업을 벌인 거 너도 알고 있지? 서울에 있는 초등학교 동창을 규합하여 한 달에 한 번 모이면서, 작은 돈이지만 꼬박꼬박 회비를 모아 기금을 마련했다가 개교 기념일이면 모교에 내려가 좋은 일을 하고 왔지. 피아노도 사주고, 도서관에 책도 사주고, 축구공·농구공 등 필요한 것들 사주면서 어려운 아이들 학비를 대던 장학 사업. 아버지는 그 일에 큰 보람을 느끼셨지. 그 일이 바로 아저씨와 함께 시작한 것이란다.

친구라고 해서 좋을 때 헤헤거리고 술이나 마시고 즐기기만 한다면 진정한 우정을 쌓는 데 별 도움이 되지 않는다. 둘만 모여도 스승이 있다고 했는데 서로 좋지 않은 행동은 견제하며, 어떤 주제를 놓고 진지하게 의견도 나누고 서로의 인생관이나 가치관을 토로할 수 있어야만 진정한 친구가 되리라고 본다.

사실 참다운 친구는 가족이나 배우자 이상의 연대감을 느껴야 될 줄 안다. 그러기에 대부님은 아버지 떠나신 뒤에도 너희를 계속 챙겨주고 계시지 않니. 너희도 그 은혜 잊어서는 안 된다.

네게도 중학교 때부터 친히 지내는 몇몇 친구가 있어 늘 든든하다. 우리 집에 일이 있을 때마다 도와주던 그 친구들, 특히 잊을 수 없는 것은 아버지 투병 기간 동안 홍재 아버님이 하신 말씀이다.

"친구가 아버지 병환으로 저렇게 고생하는데 스키는 무슨 스키냐. 너희들도 근신해라."

그래서 그 해 네 친구들 모두 겨울방학을 못 즐기고 말았었지.

정말 미안하고 고마웠단다.

　유학 중에 있는 지금의 너에게는 친구가 더욱 소중할 줄 믿는다. 이역만리에서 가족도 없이 홀로 지내자니 그 외로움이 오죽하며, 공부 때문에 잠도 제대로 못 자고 언어까지 달라 의사소통마저 어려우니 그 고달픔이 오죽하겠니. 거기서 만난 친구는 여기서보다 훨씬 빨리 가까워질 줄 믿는다.

　행여 향수병에 전염되지 말고, 넘어질 때 일으켜 주고 뒤쳐질 때 손잡아 끌어 주며 바람직한 우정을 가꾸어 가려무나.

　다시 한번 말한다.

　좋을 때만 가까이 있는 친구보다는 어려울 때 함께하며 힘을 실어 주는 친구가 참 친구임을 늘 명심하기 바란다. (2000년 10월)

참회에 대하여

사랑하는 아들아.

새로운 천년이 다가온다고 온 세계가 법석을 떨던 때가 엊그제 같은데 벌써 한 해가 저물고 있다.

오늘은 12월 3일 대림 첫 주일. 교회력으로는 새해의 시작이다. 오늘부터 주님 오심을 기다리며 모든 잘못을 참회하는 예절이 시작된다는 거 기억하고 있지?

참회.

이 얼마나 거룩하고 아름다운 말이냐. 이것이야말로 우리 그리스도인들이 사랑, 섬김, 나눔 못지않게 꼭 지켜야 할 금과옥조가 아닌가 한다.

2000년 3월에 교황청에서 내놓은 참회문이 온 세상을 놀라게 했던 기억이 새롭구나.

「기억과 화해」라는 글에서 과거 가톨릭이 저지른 온갖 잘못을 인정하고 반성하며 인류에게 우리를 용서하라고 외친 교황님의 용기에 대하여 양식 있는 사람은 다 존경을 보냈지.

그 후속 조치로 보인다만, 우리 교구청에서도 이번에 공식 참회문을 내놓았다. 오늘 미사는 바로 그 참회 예식을 중심으로 치러졌단다. 참고로 너에게도 그 대강을 알려주고 싶구나.

첫째, 세계정세에 어둡던 박해 시대에 외세에 힘입어 교회를 지키려 했고, 서구 문화를 받아들이는 과정에서 문화적 갈등을 빚었던 것,

둘째, 일제 식민 통치로 민족이 고통을 당하던 시기에 정교 분리를 이유로 독립에 앞장서는 신자들을 제재한 것,

셋째, 광복 이후 분단 상황의 극복과 민족의 화해와 일치를 위한 노력에 소홀한 것,

넷째, 우리 사회가 지닌 지역과 계층간의 갈등을 해소하는 데나 장애인·외국인 근로자 등의 인권과 복지 증진에 노력을 다하지 않은 것,

다섯째, 모든 이가 올바른 가치와 도덕을 바탕으로 서로 이해하며 더불어 살아가도록 이끄는 데 미흡한 것,

여섯째, 때때로 성직자들도 사회의 도덕적·윤리적 귀감이 되지

못하고 권위주의에 빠지거나 세상 풍조를 따른 것,

　일곱째, 다종교 사회 안에서 다른 종교가 지닌 정신문화적 가치를 충분히 이해하지 못한 것 등 일곱 가지 항목이었다.

　뒤늦게나마 이런 참회문을 내놓게 되어 반갑고 다행스럽더구나.
　나는 특히 둘째 항목에서 많은 공감을 가졌다. 독실한 신자였던 안중근 의사가 일제에 항거하면서 신부님으로부터 이해는커녕 제재를 받게 되었을 때 얼마나 서글프고 외로웠을까를 생각하면 지금도 가슴이 아프단다. 그런 일본은 지금껏 당시의 잘못을 참회하고 사과하지 않아 늘 껄끄러운 관계로 남아 있으니 그 또한 안타까운 일이다.

　이번 대림 시기 동안 엄마에게도 기쁜 일이 있었다.
　너희도 잘 아는 프란치스코 아저씨와 클라라 아줌마의 이야기를 들려주마. 두 사람은 20여 년 전 우리 부부를 대부모로 세우고 영세를 했다. 젊은 부부가 천주님의 부르심을 받아 가톨릭에 입교하고 어려운 가운데서도 평안하고 행복하게 잘살았다.
　그런데 아저씨가 문단에 떠오른 별이 되어서 돈과 명예가 따르기 시작했다. 그러나 과유불급이라더니 마침내 그 가정에 어두운 그림자가 드리우기 시작했다. 아저씨는 술좌석이 잦았고 주변에는 수많은 여인들이 줄을 이어 클라라 아줌마는 견딜 수 없는 소외

감에 빠져들고 말았다.

　결국 그 가정은 찢기고 깨어져 오만 상처를 받은 뒤 이혼이라는 파경을 맞게 되었다. 클라라 아줌마는 집을 나가고, 아저씨는 중·고등학생인 두 아이를 보살피며 밤마다 술과 함께 살더니, 불행히도 간암 선고를 받기에 이르렀지. 다행히 수술을 받고 좋아져서 기뻐했더니 일년 만에 재발하여 그 지긋지긋한 투병 생활이 시작되었다. 이제 막 대학생이 된 남매가 아버지를 간호하는데 얼마나 심란한지. 자식보다 악처가 낫다는 속담이 생각나더구나.

　나는 자주 드나들면서 아저씨의 병을 살피다가 대모로서의 사명감으로 수소문 끝에 클라라 아줌마를 찾아 나섰다. 아아, 아줌마는 강원도 깊은 산골에서 농사를 지으며 숨어 살고 있었다. 나는 아저씨에게 아줌마를 데려오자고 조심스레 말을 꺼냈지. 그러나 일언지하에 안 된다는 것이었다. 아이들도 아버지가 허락하실 리가 없다며 소용없는 수고 그만 하라고 했다.

　그러나 나는 기어코 강원도까지 찾아가 하룻밤 묵으면서 오직 세 가족을 위해 기도하며 살고 있는 그네의 경건한 삶을 확인하고 왔다. 아줌마는 사랑하는 가족을 버리고 나온 자신의 잘못을 참회하고 가족 보고픈 마음을 달래기 위해 노동을 자처하며 살고 있었다. 자그마치 4년 반 동안의 그 고달픈, 그러나 더없이 아름다운 삶에 감동하여 나는 아저씨를 설득했단다. 참회하는 자를 받아들이지 못한다면 신자가 아니다. 제발 용서하고 받아들이자. 사랑하는 아이들에게 성탄 선물로 엄마를 데려다 주자. 그리고 지금부터라도 온 정성 다할 그네의 간호를 받자. 그것만이 네 가족 다 행복할 수 있는 길이다.

끈질기게 설득하여 마침내 아줌마를 병실로 데리고 가는 데 성공했단다. 두 사람의 손을 끌어다 잡아주니 서로 눈물만 흘리더구나. 나는 얼른 자리를 비켜 주었지. 뒤늦게 학교에서 돌아온 아이들도 기적이라며 기쁨의 눈물 한없이 흘리더구나. 그 어린것들이 아빠의 깊은 속마음을 어찌 알겠니. 그동안 아저씨 또한 잘못이 왜 없겠니. 서로 용서하고 용서 받는 모습이 너무나 아름다웠다.

며칠 후 신부님 모셔다가 마지막 고해성사까지 보게 했더니 이젠 정말 편안하다고 하더구나. 참회의 아름다움이란 바로 이런 것이 아니겠니? 이제 아저씨는 조강지처의 헌신적인 간호를 받으면서 아무 두려움 없이 죽음을 준비하고 있다. 늘 불안에 떨던 눈동자가 차분히 가라앉으며 편안해진 걸 보니 나도 더없이 행복하구나.

대림 시기를 맞아 보람된 일을 할 수 있도록 기회를 마련해 주신 주님께 감사한다.

아무튼 연말을 맞아 우리도 그동안 저지른 죄 충분히 참회하고 고해성사를 보자꾸나. 또 누구에겐가 잘못한 것이 있으면 서둘러 사과하고 편한 마음으로 새 해를 맞자꾸나. (2000년 12월)

그 날 그 때에는

사랑하는 아들아.

네가 학위를 마치고 그곳에서 직장 생활을 시작한 지도 어느 새 2년이 넘었구나. 공부할 때와는 달라서 문화의 차이, 사고의 차이에 부딪침이 많을 텐데 새로운 직장 동료들과 관계를 맺고 적응하느라 수고가 많았다. 남의 나라 언어를 쓰자니 오죽 힘들겠느냐만 그런대로 잘 지내고 있다니 고맙다. 부지런히 선진 기술을 배워서 언젠가는 조국을 위해 도움이 될 수 있기를 바란다.

오늘은 엄마가 진지한 이야기를 좀 해야겠다. 절대로 흘려듣지 말아다오.

4년 남짓 투병 생활을 하던 엄마 친구 아녜스 씨가 기어이 세상을 떴다. 아니, 기쁘게 하느님 나라로 이사를 갔다. 어제도 가서 연도를 바치고, 오늘은 장례 미사까지 다 끝내고 왔다.

고교 시절, 문학도였던 우리는 틈만 나면 만나서 시간을 함께했지. 교정의 클로버 잔디에서, 학교 주변의 식물원에서, 멀리 교외의 호숫가에서 애송시를 낭송하고, 전날 밤에 읽었던 소설을 중심으로 서로의 생각과 느낌을 나누면서 시간 가는 줄 몰랐단다.

그러나 결혼 후엔 서로 가족 뒷바라지에 여념이 없어 만남이 뜸했다가, 오십 대가 되면서 옛 우정을 되살렸던 것인데, 귀향길이 바빴던지 혼자서 먼저 떠나고 말았구나.

그동안 숱하게 죽음을 보고 치러 왔지만 가까운 친구의 죽음은 이번이 처음이라서 마음이 착잡했다. 그렇다고 내가 친구의 부음 앞에 큰 슬픔이나 허무감을 느꼈다는 것은 아니야. 사오 년 투병 기간 동안 여러 번 문병을 하면서 이별 연습을 해 온 때문이기도 하지만, 친구는 참 복인이라는 생각만 나더구나. 퇴직한 남편의 극진한 간호도 받고, 삼 남매를 다 결혼시켜 골고루 손자도 보았으니 무슨 미련이 있을까 싶었다. 더구나 일주일 전, 동창회에도 참석하고 마지막 순간까지 정신을 잃지 않은 채 떠났다 하니 그런 축복이 어디 있겠니.

그런데, 친구는 죽음 앞에서 나에게 좋은 표양을 보여주었단다. 자기 딸이 간호사로 있는 성모병원에 시신을 기증한 거야. 호스피스 병동에 있으면서 그런 결심을 했다는구나. 마침내 그 친구는 내 가까운 친지로서 그 일을 행동으로 보인 첫 번째 사람이 되었다.

장례 미사는 성모병원 성당에서 봉헌되었는데, 미사 후 그곳 의과대학 총무과장님이 나와 거기에 대한 감사와 함께 사후 처리 과정을 언급해 주시더구나. 앞으로 2년 동안 연구 자료로 쓰고, 다음엔 화장하여 용인 천주교 묘지에 안장하게 된다고. 또 11월엔 특별히 위령 미사도 봉헌해 준다고.

그래서 말인데, 지난번 가족들이 다 모였을 때, 엄마가 단단히 부탁한 것 잊지 않았지?
나는 누나의 모교인 연세대학 의과대학에 기증하라고 했는데, 오늘 마음이 바뀌었다. 왜냐하면 그곳에서는 위령 미사도 없겠고, 천주교 묘지 안장도 없을 테니 말이다.
어쨌거나 나는 그 일을 구체적으로 실현시키기 위해 총무과에 들러 서류를 얻어 왔다. 그런데 당황스럽게도 보증인 두 사람의 엄지손가락 지문을 찍게 되어 있더구나. 그냥 도장만 찍으면 되는 줄 알았더니 지문이라야 한단다. 그것도 아들이 있는 사람은 꼭 아들 것을 받아야 한다니 난감하구나. 아들은 미국에 있고 딸 둘이 이곳에 있으니 안 되겠느냐고 했더니, 아들이 없으면 딸만으로 되지만 아들이 있는 경우엔 꼭 아들이 끼어야 한다는구나.
허허, 나 참! 호적법이 바뀐 오늘날도 여전히 아들 타령이라···.
이번에 알게 된 것인데, 부모가 죽으면 모든 재산은 아들 딸 구별 없이 나누어지고, 단지 시체, 제사 용구, 묘역 등만은 장남에게 넘어가는 것이란다. 그 소리를 듣고 참 마음이 씁쓸하더라.

제사 용구가 유산이라니 우스웠다. 나는 금년 추석부터 조상님들의 제사를 미사로 바꾸기로 결심했다. 바쁜 현대인들이 언제 제수거리 장만할 시간이 있으랴 싶어 너에게 넘기기 전 바꾸고 싶었고, '콤무니오 상토룸'(모든 성인의 통공)을 배우고 나니 미사처럼 좋은 제사가 없겠다 싶어서였다. 그리고 보니 너에게 넘어갈 유산이 하나 줄어드는구나. 하하하.

나 떠나면 그 날 그 때에 너희들이 다 알아서 한다고 했지만 이건 그렇게 되는 일이 아님을 알았다. 반드시 사전에 절차를 밟아 놓아야 하는 일이더구나. 그러니 너희들 의사에 관계없이 나 혼자 할 수도 없는 일. 넌 대학생 때 나 몰래 가끔 헌혈을 하고 와서 나를 당황케 했지만, 난 너 몰래 할 수가 없구나.

너는 말했지. 아버지 옆으로 가야지 무슨 말씀이냐고. 하지만 아버지도 나의 뜻을 반겨주실 줄 믿는다. 아버지가 가실 때만 해도 이런 결심을 하기엔 시기상조였지. 나는 살 만큼 살았고, 그동안 너희 삼 남매 효도도 독차지했으니 무언가 보답도 해야지. 이미 늙어 장기는 쓸모가 없지만 의과 대학생들의 연구를 위해 시신이라도 쓸모가 있다니 얼마나 감사한 일이냐.

부디 내 의사를 꺾지 말고, 기쁘게 지장을 찍어 주기 바란다.

(2006년 4월)